KOREAANS
WOORDENSCHAT

THEMATISCHE WOORDENLIJST

NEDERLANDS KOREAANS

De meest bruikbare woorden
Om uw woordenschat uit te breiden en
uw taalvaardigheid aan te scherpen

5000 woorden

Thematische woordenschat Nederlands-Koreaans - 5000 woorden
Door Andrey Taranov

Woordenlijsten van T&P Books zijn bedoeld om u woorden van een vreemde taal te helpen leren, onthouden, en bestudering. Dit woordenboek is ingedeeld in thema's en behandelt alle belangrijk terreinen van het dagelijkse leven, bedrijven, wetenschap, cultuur, etc.

Het proces van het leren van woorden met behulp van de op thema's gebaseerde aanpak van T&P Books biedt u de volgende voordelen:

- Correct gegroepeerde informatie is bepalend voor succes bij opeenvolgende stadia van het leren van woorden
- De beschikbaarheid van woorden die van dezelfde stam zijn maakt het mogelijk om woordgroepen te onthouden (in plaats van losse woorden)
- Kleine groepen van woorden faciliteren het proces van het aanmaken van associatieve verbindingen, die nodig zijn bij het consolideren van de woordenschat
- Het niveau van talenkennis kan worden ingeschat door het aantal geleerde woorden

Copyright © 2016 T&P Books Publishing

Alle rechten voorbehouden. Niets uit deze uitgave mag worden verveelvoudigd, opgeslagen in een geautomatiseerd gegevensbestand en/of openbaar gemaakt in enige vorm of op enige wijze, hetzij elektronisch, mechanisch, door fotokopieën, opnamen of op enige andere manier zonder voorafgaande schriftelijke toestemming van de uitgever. U mag dit boek niet verspreiden in welk formaat dan ook.

T&P Books Publishing
www.tpbooks.com

ISBN: 978-1-78616-549-7

Dit boek is ook beschikbaar in e-boek formaat.
Gelieve www.tpbooks.com te bezoeken of de belangrijkste online boekwinkels.

KOREAANSE WOORDENSCHAT
nieuwe woorden leren

T&P Books woordenlijsten zijn bedoeld om u te helpen vreemde woorden te leren, te onthouden, en te bestuderen. De woordenschat bevat meer dan 5000 veel gebruikte woorden die thematisch geordend zijn.

- De woordenlijst bevat de meest gebruikte woorden
- Aanbevolen als aanvulling bij welke taalcursus dan ook
- Voldoet aan de behoeften van de beginnende en gevorderde student in vreemde talen
- Geschikt voor dagelijks gebruik, bestudering en zelftestactiviteiten
- Maakt het mogelijk om uw woordenschat te evalueren

Bijzondere kenmerken van de woordenschat

- De woorden zijn gerangschikt naar hun betekenis, niet volgens alfabet
- De woorden worden weergegeven in drie kolommen om bestudering en zelftesten te vergemakkelijken
- Woorden in groepen worden verdeeld in kleine blokken om het leerproces te vergemakkelijken
- De woordenschat biedt een handige en eenvoudige beschrijving van elk buitenlands woord

De woordenschat bevat 155 onderwerpen zoals:

Basisconcepten, getallen, kleuren, maanden, seizoenen, meeteenheden, kleding en accessoires, eten & voeding, restaurant, familieleden, verwanten, karakter, gevoelens, emoties, ziekten, stad, dorp, bezienswaardigheden, winkelen, geld, huis, thuis, kantoor, werken op kantoor, import & export, marketing, werk zoeken, sport, onderwijs, computer, internet, gereedschap, natuur, landen, nationaliteiten en meer ...

INHOUDSOPGAVE

Uitspraakgids	9
Afkortingen	11

BASISBEGRIPPEN	12
Basisbegrippen Deel 1	12
1. Voornaamwoorden	12
2. Begroetingen. Begroetingen. Afscheid	12
3. Hoe aan te spreken	13
4. Kardinale getallen. Deel 1	13
5. Kardinale getallen. Deel 2	14
6. Ordinale getallen	15
7. Getallen. Breuken	15
8. Getallen. Eenvoudige berekeningen	15
9. Getallen. Diversen	15
10. De belangrijkste werkwoorden. Deel 1	16
11. De belangrijkste werkwoorden. Deel 2	17
12. De belangrijkste werkwoorden. Deel 3	18
13. De belangrijkste werkwoorden. Deel 4	19
14. Kleuren	20
15. Vragen	20
16. Voorzetsels	21
17. Functiewoorden. Bijwoorden. Deel 1	21
18. Functiewoorden. Bijwoorden. Deel 2	23

Basisbegrippen Deel 2	25
19. Dagen van de week	25
20. Uren. Dag en nacht	25
21. Maanden. Seizoenen	26
22. Meeteenheden	28
23. Containers	29

MENS	30
Mens. Het lichaam	30
24. Hoofd	30
25. Menselijk lichaam	31

Kleding en accessoires	32
26. Bovenkleding. Jassen	32
27. Heren & dames kleding	32

28. Kleding. Ondergoed	33
29. Hoofddeksels	33
30. Schoeisel	33
31. Persoonlijke accessoires	34
32. Kleding. Diversen	34
33. Persoonlijke verzorging. Schoonheidsmiddelen	35
34. Horloges. Klokken	36

Voedsel. Voeding	**37**
35. Voedsel	37
36. Drankjes	38
37. Groenten	39
38. Vruchten. Noten	40
39. Brood. Snoep	41
40. Bereide gerechten	41
41. Kruiden	42
42. Maaltijden	43
43. Tafelschikking	44
44. Restaurant	44

Familie, verwanten en vrienden	**45**
45. Persoonlijke informatie. Formulieren	45
46. Familieleden. Verwanten	45

Geneeskunde	**47**
47. Ziekten	47
48. Symptomen. Behandelingen. Deel 1	48
49. Symptomen. Behandelingen. Deel 2	49
50. Symptomen. Behandelingen. Deel 3	50
51. Artsen	51
52. Geneeskunde. Medicijnen. Accessoires	51

HET MENSELIJKE LEEFGEBIED	**52**
Stad	**52**
53. Stad. Het leven in de stad	52
54. Stedelijke instellingen	53
55. Borden	54
56. Stedelijk vervoer	55
57. Bezienswaardigheden	56
58. Winkelen	57
59. Geld	58
60. Post. Postkantoor	59

Woning. Huis. Thuis	**60**
61. Huis. Elektriciteit	60

62. Villa. Herenhuis	60
63. Appartement	60
64. Meubels. Interieur	61
65. Beddengoed	62
66. Keuken	62
67. Badkamer	63
68. Huishoudelijke apparaten	64

MENSELIJKE ACTIVITEITEN 65
Baan. Business. Deel 1 65

69. Kantoor. Op kantoor werken	65
70. Bedrijfsprocessen. Deel 1	66
71. Bedrijfsprocessen. Deel 2	67
72. Productie. Werken	68
73. Contract. Overeenstemming	69
74. Import & Export	70
75. Financiën	70
76. Marketing	71
77. Reclame	71
78. Bankieren	72
79. Telefoon. Telefoongesprek	73
80. Mobiele telefoon	73
81. Schrijfbehoeften	74
82. Soorten bedrijven	74

Baan. Business. Deel 2 77

83. Show. Tentoonstelling	77
84. Wetenschap. Onderzoek. Wetenschappers	78

Beroepen en ambachten 79

85. Zoeken naar werk. Ontslag	79
86. Zakenmensen	79
87. Dienstverlenende beroepen	80
88. Militaire beroepen en rangen	81
89. Ambtenaren. Priesters	82
90. Agrarische beroepen	82
91. Kunst beroepen	83
92. Verschillende beroepen	83
93. Beroepen. Sociale status	85

Onderwijs 86

94. School	86
95. Hogeschool. Universiteit	87
96. Wetenschappen. Disciplines	88
97. Schrift. Spelling	88
98. Vreemde talen	89

Rusten. Entertainment. Reizen 91

99. Trip. Reizen 91
100. Hotel 91

TECHNISCHE APPARATUUR. VERVOER 93
Technische apparatuur 93

101. Computer 93
102. Internet. E-mail 94
103. Elektriciteit 95
104. Gereedschappen 95

Vervoer 98

105. Vliegtuig 98
106. Trein 99
107. Schip 100
108. Vliegveld 101

Gebeurtenissen in het leven 103

109. Vakanties. Evenement 103
110. Begrafenissen. Begrafenis 104
111. Oorlog. Soldaten 104
112. Oorlog. Militaire acties. Deel 1 105
113. Oorlog. Militaire acties. Deel 2 107
114. Wapens 108
115. Oude mensen 110
116. Middeleeuwen 110
117. Leider. Baas. Autoriteiten 112
118. De wet overtreden. Criminelen. Deel 1 113
119. De wet overtreden. Criminelen. Deel 2 114
120. Politie. Wet. Deel 1 115
121. Politie. Wet. Deel 2 116

NATUUR 118
De Aarde. Deel 1 118

122. De kosmische ruimte 118
123. De Aarde 119
124. Windrichtingen 120
125. Zee. Oceaan 120
126. Namen van zeeën en oceanen 121
127. Bergen 122
128. Bergen namen 123
129. Rivieren 123
130. Namen van rivieren 124
131. Bos 124
132. Natuurlijke hulpbronnen 125

De Aarde. Deel 2   127

133. Weer   127
134. Zwaar weer. Natuurrampen   128

Fauna   129

135. Zoogdieren. Roofdieren   129
136. Wilde dieren   129
137. Huisdieren   130
138. Vogels   131
139. Vis. Zeedieren   132
140. Amfibieën. Reptielen   133
141. Insecten   134

Flora   135

142. Bomen   135
143. Heesters   135
144. Vruchten. Bessen   136
145. Bloemen. Planten   136
146. Granen, graankorrels   138

LANDEN. NATIONALITEITEN   139

147. West-Europa   139
148. Centraal- en Oost-Europa   139
149. Voormalige USSR landen   140
150. Azië   140
151. Noord-Amerika   141
152. Midden- en Zuid-Amerika   141
153. Afrika   142
154. Australië. Oceanië   142
155. Steden   142

UITSPRAAKGIDS

Letter	Koreaans voorbeeld	T&P fonetisch alfabet	Nederlands voorbeeld

Medeklinkers

ㄱ [1]	개	[k]	kennen, kleur
ㄱ [2]	아기	[g]	goal, tango
ㄲ	껌	[k]	gespannen [k]
ㄴ	눈	[n]	nemen, zonder
ㄷ [3]	달	[t]	tomaat, taart
ㄷ [4]	사다리	[d]	Dank u, honderd
ㄸ	딸	[t]	gespannen [t]
ㄹ [5]	라디오	[r]	roepen, breken
ㄹ [6]	십팔	[l]	delen, luchter
ㅁ	문	[m]	morgen, etmaal
ㅂ [7]	봄	[p]	parallel, koper
ㅂ [8]	아버지	[b]	hebben
ㅃ	빵	[p]	gespannen [p]
ㅅ [9]	실	[s]	spreken, kosten
ㅅ [10]	옷	[t]	tomaat, taart
ㅆ	쌀	[ja:]	januari, gedetailleerd
ㅇ [11]	강	[ŋ]	combinatie van klanken [ŋ] en [g]
ㅈ [12]	집	[tɕ]	ongeveer 'tjie'
ㅈ [13]	아주	[dz]	jeans, bougie
ㅉ	잠	[tɕ]	gespannen [tch]
ㅊ	차	[tɕh]	aspiraat [tsch]
ㅌ	택시	[th]	luchthaven, stadhuis
ㅋ	칼	[kh]	deukhoed, Stockholm
ㅍ	포도	[ph]	ophouden, ophangen
ㅎ	한국	[h]	het, herhalen

Klinkers en combinaties met klinkers

ㅏ	사	[a]	acht
ㅑ	향	[ja]	signaal, Spanjaard
ㅓ	머리	[ʌ]	acht

T&P Books. Thematische woordenschat Nederlands-Koreaans - 5000 woorden

Letter	Koreaans voorbeeld	T&P fonetisch alfabet	Nederlands voorbeeld
ㅕ	병	[jɑ]	januari, jaar
ㅗ	몸	[o]	overeenkomst
ㅛ	표	[jɔ]	New York, jongen
ㅜ	물	[u]	hoed, doe
ㅠ	슈퍼	[ju]	jullie, aquarium
ㅡ	음악	[ɪ]	iemand, die
ㅣ	길	[i], [i:]	bidden, lila
ㅐ	땜	[ɛ], [ɛ:]	zwemmen, existeren
ㅒ	애기	[je]	project, yen
ㅔ	펜	[e]	delen, spreken
ㅖ	계산	[je]	project, yen
ㅘ	왕	[wa]	zwart, wachten
ㅙ	왜	[ʊə]	werken, grondwet
ㅚ	회의	[ø], [we]	neus, web
ㅝ	권	[uɔ]	combinatie van klanken [u] en [o]
ㅞ	웬	[ʊə]	werken, grondwet
ㅟ	쥐	[wi]	kiwi
ㅢ	거의	[ɯi]	combinatie [ɯi]

Opmerkingen

[1] aan het begin van een woord
[2] tussen stemhebbende klanken
[3] aan het begin van een woord
[4] tussen stemhebbende klanken
[5] aan het begin van een lettergreep
[6] aan het eind van een lettergreep
[7] aan het begin van een woord
[8] tussen stemhebbende klanken
[9] aan het begin van een lettergreep
[10] aan het eind van een lettergreep
[11] aan het eind van een lettergreep
[12] aan het begin van een woord
[13] tussen stemhebbende klanken

AFKORTINGEN
gebruikt in de woordenschat

Nederlandse afkortingen

abn	-	als bijvoeglijk naamwoord
bijv.	-	bijvoorbeeld
bn	-	bijvoeglijk naamwoord
bw	-	bijwoord
enk.	-	enkelvoud
enz.	-	enzovoort
form.	-	formele taal
inform.	-	informele taal
mann.	-	mannelijk
mil.	-	militair
mv.	-	meervoud
on.ww.	-	onovergankelijk werkwoord
ontelb.	-	ontelbaar
ov.	-	over
ov.ww.	-	overgankelijk werkwoord
telb.	-	telbaar
vn	-	voornaamwoord
vrouw.	-	vrouwelijk
vw	-	voegwoord
vz	-	voorzetsel
wisk.	-	wiskunde
ww	-	werkwoord

Nederlandse artikelen

de	-	gemeenschappelijk geslacht
de/het	-	gemeenschappelijk geslacht, onzijdig
het	-	onzijdig

BASISBEGRIPPEN

Basisbegrippen Deel 1

1. Voornaamwoorden

ik	나, 저	na
jij, je	너	neo
hij	그, 그분	geu, geu-bun
zij, ze	그녀	geu-nyeo
het	그것	geu-geot
wij, we	우리	u-ri
jullie	너희	neo-hui
U (form., enk.)	당신	dang-sin
zij, ze	그들	geu-deul

2. Begroetingen. Begroetingen. Afscheid

Hallo! Dag!	안녕!	an-nyeong!
Hallo!	안녕하세요!	an-nyeong-ha-se-yo!
Goedemorgen!	안녕하세요!	an-nyeong-ha-se-yo!
Goedemiddag!	안녕하세요!	an-nyeong-ha-se-yo!
Goedenavond!	안녕하세요!	an-nyeong-ha-se-yo!
gedag zeggen (groeten)	인사하다	in-sa-ha-da
Hoi!	안녕!	an-nyeong!
groeten (het)	인사	in-sa
verwelkomen (ww)	인사하다	in-sa-ha-da
Hoe gaat het?	잘 지내세요?	jal ji-nae-se-yo?
Is er nog nieuws?	어떻게 지내?	eo-tteo-ke ji-nae?
Dag! Tot ziens!	안녕히 가세요!	an-nyeong-hi ga-se-yo!
Tot snel! Tot ziens!	또 만나요!	tto man-na-yo!
Vaarwel! (inform.)	잘 있어!	jal ri-seo!
Vaarwel! (form.)	안녕히 계세요!	an-nyeong-hi gye-se-yo!
afscheid nemen (ww)	작별인사를 하다	jak-byeo-rin-sa-reul ha-da
Tot kijk!	안녕!	an-nyeong!
Dank u!	감사합니다!	gam-sa-ham-ni-da!
Dank u wel!	대단히 감사합니다!	dae-dan-hi gam-sa-ham-ni-da!
Graag gedaan	천만이에요	cheon-man-i-e-yo
Geen dank!	천만의 말씀입니다	cheon-man-ui mal-sseum-im-ni-da
Geen moeite.	천만에	cheon-man-e

Excuseer me, ... (inform.)	실례!	sil-lye!
Excuseer me, ... (form.)	실례합니다!	sil-lye-ham-ni-da!
excuseren (verontschuldigen)	용서하다	yong-seo-ha-da

zich verontschuldigen	사과하다	sa-gwa-ha-da
Mijn excuses.	사과드립니다	sa-gwa-deu-rim-ni-da
Het spijt me!	죄송합니다!	joe-song-ham-ni-da!
vergeven (ww)	용서하다	yong-seo-ha-da
alsjeblieft	부탁합니다	bu-tak-am-ni-da

Vergeet het niet!	잊지 마십시오!	it-ji ma-sip-si-o!
Natuurlijk!	물론이에요!	mul-lon-i-e-yo!
Natuurlijk niet!	물론 아니에요!	mul-lon a-ni-e-yo!
Akkoord!	그래요!	geu-rae-yo!
Zo is het genoeg!	그만!	geu-man!

3. Hoe aan te spreken

meneer	선생	seon-saeng
mevrouw	여사님	yeo-sa-nim
juffrouw	아가씨	a-ga-ssi
jongeman	젊은 분	jeol-meun bun
jongen	꼬마	kko-ma
meisje	꼬마	kko-ma

4. Kardinale getallen. Deel 1

nul	영	yeong
een	일	il
twee	이	i
drie	삼	sam
vier	사	sa

vijf	오	o
zes	육	yuk
zeven	칠	chil
acht	팔	pal
negen	구	gu

tien	십	sip
elf	십일	si-bil
twaalf	십이	si-bi
dertien	십삼	sip-sam
veertien	십사	sip-sa

vijftien	십오	si-bo
zestien	십육	si-byuk
zeventien	십칠	sip-chil
achttien	십팔	sip-pal
negentien	십구	sip-gu
twintig	이십	i-sip
eenentwintig	이십일	i-si-bil

tweeëntwintig	이십이	i-si-bi
drieëntwintig	이십삼	i-sip-sam
dertig	삼십	sam-sip
eenendertig	삼십일	sam-si-bil
tweeëndertig	삼십이	sam-si-bi
drieëndertig	삼십삼	sam-sip-sam
veertig	사십	sa-sip
eenenveertig	사십일	sa-si-bil
tweeënveertig	사십이	sa-si-bi
drieënveertig	사십삼	sa-sip-sam
vijftig	오십	o-sip
eenenvijftig	오십일	o-si-bil
tweeënvijftig	오십이	o-si-bi
drieënvijftig	오십삼	o-sip-sam
zestig	육십	yuk-sip
eenenzestig	육십일	yuk-si-bil
tweeënzestig	육십이	yuk-si-bi
drieënzestig	육십삼	yuk-sip-sam
zeventig	칠십	chil-sip
eenenzeventig	칠십일	chil-si-bil
tweeënzeventig	칠십이	chil-si-bi
drieënzeventig	칠십삼	chil-sip-sam
tachtig	팔십	pal-sip
eenentachtig	팔십일	pal-si-bil
tweeëntachtig	팔십이	pal-si-bi
drieëntachtig	팔십삼	pal-sip-sam
negentig	구십	gu-sip
eenennegentig	구십일	gu-si-bil
tweeënnegentig	구십이	gu-si-bi
drieënnegentig	구십삼	gu-sip-sam

5. Kardinale getallen. Deel 2

honderd	백	baek
tweehonderd	이백	i-baek
driehonderd	삼백	sam-baek
vierhonderd	사백	sa-baek
vijfhonderd	오백	o-baek
zeshonderd	육백	yuk-baek
zevenhonderd	칠백	chil-baek
achthonderd	팔백	pal-baek
negenhonderd	구백	gu-baek
duizend	천	cheon
tweeduizend	이천	i-cheon
drieduizend	삼천	sam-cheon

tienduizend	만	man
honderdduizend	십만	sim-man
miljoen (het)	백만	baeng-man
miljard (het)	십억	si-beok

6. Ordinale getallen

eerste (bn)	첫 번째의	cheot beon-jjae-ui
tweede (bn)	두 번째의	du beon-jjae-ui
derde (bn)	세 번째의	se beon-jjae-ui
vierde (bn)	네 번째의	ne beon-jjae-ui
vijfde (bn)	다섯 번째의	da-seot beon-jjae-ui
zesde (bn)	여섯 번째의	yeo-seot beon-jjae-ui
zevende (bn)	일곱 번째의	il-gop beon-jjae-ui
achtste (bn)	여덟 번째의	yeo-deol beon-jjae-ui
negende (bn)	아홉 번째의	a-hop beon-jjae-ui
tiende (bn)	열 번째의	yeol beon-jjae-ui

7. Getallen. Breuken

breukgetal (het)	분수	bun-su
half	이분의 일	i-bun-ui il
een derde	삼분의 일	sam-bun-ui il
kwart	사분의 일	sa-bun-ui il
een achtste	팔분의 일	pal-bun-ui il
een tiende	십분의 일	sip-bun-ui il
twee derde	삼분의 이	sam-bun-ui i
driekwart	사분의 삼	sa-bun-ui sam

8. Getallen. Eenvoudige berekeningen

aftrekking (de)	빼기	ppae-gi
aftrekken (ww)	빼다	ppae-da
deling (de)	나누기	na-nu-gi
delen (ww)	나누다	na-nu-da
optelling (de)	더하기	deo-ha-gi
erbij optellen (bij elkaar voegen)	합하다	ha-pa-da
optellen (ww)	더하다	deo-ha-da
vermenigvuldiging (de)	곱하기	go-pa-gi
vermenigvuldigen (ww)	곱하다	go-pa-da

9. Getallen. Diversen

cijfer (het)	숫자	sut-ja
nummer (het)	숫자	sut-ja

telwoord (het)	수사	su-sa
minteken (het)	마이너스	ma-i-neo-seu
plusteken (het)	플러스	peul-leo-seu
formule (de)	공식	gong-sik
berekening (de)	계산	gye-san
tellen (ww)	세다	se-da
bijrekenen (ww)	헤아리다	he-a-ri-da
vergelijken (ww)	비교하다	bi-gyo-ha-da
Hoeveel? (ontelb.)	얼마?	eol-ma?
Hoeveel? (telb.)	얼마나?	eo-di-ro?
som (de), totaal (het)	총합	chong-hap
uitkomst (de)	결과	gyeol-gwa
rest (de)	나머지	na-meo-ji
enkele (bijv. ~ minuten)	몇	myeot
weinig (bw)	조금	jo-geum
restant (het)	나머지	na-meo-ji
anderhalf	일과 이분의 일	il-gwa i-bun-ui il
dozijn (het)	다스	da-seu
middendoor (bw)	반으로	ba-neu-ro
even (bw)	균등하게	gyun-deung-ha-ge
helft (de)	절반	jeol-ban
keer (de)	번	beon

10. De belangrijkste werkwoorden. Deel 1

aanbevelen (ww)	추천하다	chu-cheon-ha-da
aandringen (ww)	주장하다	ju-jang-ha-da
aankomen (per auto, enz.)	도착하다	do-chak-a-da
aanraken (ww)	닿다	da-ta
adviseren (ww)	조언하다	jo-eon-ha-da
afdalen (on.ww.)	내려오다	nae-ryeo-o-da
afslaan (naar rechts ~)	돌다	dol-da
antwoorden (ww)	대답하다	dae-da-pa-da
bang zijn (ww)	무서워하다	mu-seo-wo-ha-da
bedreigen (bijv. met een pistool)	협박하다	hyeop-bak-a-da
bedriegen (ww)	속이다	so-gi-da
beëindigen (ww)	끝내다	kkeun-nae-da
beginnen (ww)	시작하다	si-jak-a-da
begrijpen (ww)	이해하다	i-hae-ha-da
beheren (managen)	운영하다	u-nyeong-ha-da
beledigen (met scheldwoorden)	모욕하다	mo-yok-a-da
beloven (ww)	약속하다	yak-sok-a-da
bereiden (koken)	요리하다	yo-ri-ha-da
bespreken (spreken over)	의논하다	ui-non-ha-da
bestellen (eten ~)	주문하다	ju-mun-ha-da

bestraffen (een stout kind ~)	처벌하다	cheo-beol-ha-da
betalen (ww)	지불하다	ji-bul-ha-da
betekenen (beduiden)	의미하다	ui-mi-ha-da
betreuren (ww)	후회하다	hu-hoe-ha-da
bevallen (prettig vinden)	좋아하다	jo-a-ha-da
bevelen (mil.)	명령하다	myeong-nyeong-ha-da
bevrijden (stad, enz.)	해방하다	hae-bang-ha-da
bewaren (ww)	보관하다	bo-gwan-ha-da
bezitten (ww)	소유하다	so-yu-ha-da
bidden (praten met God)	기도하다	gi-do-ha-da
binnengaan (een kamer ~)	들어가다	deu-reo-ga-da
breken (ww)	깨뜨리다	kkae-tteu-ri-da
controleren (ww)	제어하다	je-eo-ha-da
creëren (ww)	창조하다	chang-jo-ha-da
deelnemen (ww)	참가하다	cham-ga-ha-da
denken (ww)	생각하다	saeng-gak-a-da
doden (ww)	죽이다	ju-gi-da
doen (ww)	하다	ha-da
dorst hebben (ww)	목마르다	mong-ma-reu-da

11. De belangrijkste werkwoorden. Deel 2

een hint geven	힌트를 주다	hin-teu-reul ju-da
eisen (met klem vragen)	요구하다	yo-gu-ha-da
existeren (bestaan)	존재하다	jon-jae-ha-da
gaan (te voet)	가다	ga-da
gaan zitten (ww)	앉다	an-da
gaan zwemmen	수영하다	su-yeong-ha-da
geven (ww)	주다	ju-da
glimlachen (ww)	미소를 짓다	mi-so-reul jit-da
goed raden (ww)	추측하다	chu-cheuk-a-da
grappen maken (ww)	농담하다	nong-dam-ha-da
graven (ww)	파다	pa-da
hebben (ww)	가지다	ga-ji-da
helpen (ww)	도와주다	do-wa-ju-da
herhalen (opnieuw zeggen)	반복하다	ban-bok-a-da
honger hebben (ww)	배가 고프다	bae-ga go-peu-da
hopen (ww)	희망하다	hui-mang-ha-da
horen (waarnemen met het oor)	듣다	deut-da
huilen (wenen)	울다	ul-da
huren (huis, kamer)	임대하다	im-dae-ha-da
informeren (informatie geven)	알리다	al-li-da
instemmen (akkoord gaan)	동의하다	dong-ui-ha-da
jagen (ww)	사냥하다	sa-nyang-ha-da
kennen (kennis hebben van iemand)	알다	al-da

kiezen (ww)	선택하다	seon-taek-a-da
klagen (ww)	불평하다	bul-pyeong-ha-da
kosten (ww)	값이 ··· 이다	gap-si ... i-da
kunnen (ww)	할 수 있다	hal su it-da
lachen (ww)	웃다	ut-da
laten vallen (ww)	떨어뜨리다	tteo-reo-tteu-ri-da
lezen (ww)	읽다	ik-da
liefhebben (ww)	사랑하다	sa-rang-ha-da
lunchen (ww)	점심을 먹다	jeom-si-meul meok-da
nemen (ww)	잡다	jap-da
nodig zijn (ww)	필요하다	pi-ryo-ha-da

12. De belangrijkste werkwoorden. Deel 3

onderschatten (ww)	과소평가하다	gwa-so-pyeong-ga-ha-da
ondertekenen (ww)	서명하다	seo-myeong-ha-da
ontbijten (ww)	아침을 먹다	a-chi-meul meok-da
openen (ww)	열다	yeol-da
ophouden (ww)	그만두다	geu-man-du-da
opmerken (zien)	알아차리다	a-ra-cha-ri-da
opscheppen (ww)	자랑하다	ja-rang-ha-da
opschrijven (ww)	적다	jeok-da
plannen (ww)	계획하다	gye-hoek-a-da
prefereren (verkiezen)	선호하다	seon-ho-ha-da
proberen (trachten)	해보다	hae-bo-da
redden (ww)	구조하다	gu-jo-ha-da
rekenen op ...	··· 에 의지하다	... e ui-ji-ha-da
rennen (ww)	달리다	dal-li-da
reserveren (een hotelkamer ~)	예약하다	ye-yak-a-da
roepen (om hulp)	부르다, 요청하다	bu-reu-da, yo-cheong-ha-da
schieten (ww)	쏘다	sso-da
schreeuwen (ww)	소리치다	so-ri-chi-da
schrijven (ww)	쓰다	sseu-da
souperen (ww)	저녁을 먹다	jeo-nyeo-geul meok-da
spelen (kinderen)	놀다	nol-da
spreken (ww)	말하다	mal-ha-da
stelen (ww)	훔치다	hum-chi-da
stoppen (pauzeren)	정지하다	jeong-ji-ha-da
studeren (Nederlands ~)	공부하다	gong-bu-ha-da
sturen (zenden)	보내다	bo-nae-da
tellen (optellen)	세다	se-da
toebehoren ...	··· 에 속하다	... e sok-a-da
toestaan (ww)	허가하다	heo-ga-ha-da
tonen (ww)	보여주다	bo-yeo-ju-da
twijfelen (onzeker zijn)	의심하다	ui-sim-ha-da
uitgaan (ww)	나가다	na-ga-da

uitnodigen (ww)	초대하다	cho-dae-ha-da
uitspreken (ww)	발음하다	ba-reum-ha-da
uitvaren tegen (ww)	꾸짖다	kku-jit-da

13. De belangrijkste werkwoorden. Deel 4

vallen (ww)	떨어지다	tteo-reo-ji-da
vangen (ww)	잡다	jap-da
veranderen (anders maken)	바꾸다	ba-kku-da
verbaasd zijn (ww)	놀라다	nol-la-da
verbergen (ww)	숨기다	sum-gi-da
verdedigen (je land ~)	방어하다	bang-eo-ha-da
verenigen (ww)	연합하다	yeon-ha-pa-da
vergelijken (ww)	비교하다	bi-gyo-ha-da
vergeten (ww)	잊다	it-da
vergeven (ww)	용서하다	yong-seo-ha-da
verklaren (uitleggen)	설명하다	seol-myeong-ha-da
verkopen (per stuk ~)	팔다	pal-da
vermelden (praten over)	언급하다	eon-geu-pa-da
versieren (decoreren)	장식하다	jang-sik-a-da
vertalen (ww)	번역하다	beo-nyeok-a-da
vertrouwen (ww)	신뢰하다	sil-loe-ha-da
vervolgen (ww)	계속하다	gye-sok-a-da
verwarren (met elkaar ~)	혼동하다	hon-dong-ha-da
verzoeken (ww)	부탁하다	bu-tak-a-da
verzuimen (school, enz.)	결석하다	gyeol-seok-a-da
vinden (ww)	찾다	chat-da
vliegen (ww)	날다	nal-da
volgen (ww)	… 를 따라가다	… reul tta-ra-ga-da
voorstellen (ww)	제안하다	je-an-ha-da
voorzien (verwachten)	예상하다	ye-sang-ha-da
vragen (ww)	묻다	mut-da
waarnemen (ww)	지켜보다	ji-kyeo-bo-da
waarschuwen (ww)	경고하다	gyeong-go-ha-da
wachten (ww)	기다리다	gi-da-ri-da
weerspreken (ww)	반대하다	ban-dae-ha-da
weigeren (ww)	거절하다	geo-jeol-ha-da
werken (ww)	일하다	il-ha-da
weten (ww)	알다	al-da
willen (verlangen)	원하다	won-ha-da
zeggen (ww)	말하다	mal-ha-da
zich haasten (ww)	서두르다	seo-du-reu-da
zich interesseren voor …	… 에 관심을 가지다	… e gwan-si-meul ga-ji-da
zich vergissen (ww)	실수하다	sil-su-ha-da
zich verontschuldigen	사과하다	sa-gwa-ha-da
zien (ww)	보다	bo-da
zoeken (ww)	… 를 찾다	… reul chat-da

| zwemmen (ww) | 수영하다 | su-yeong-ha-da |
| zwijgen (ww) | 침묵을 지키다 | chim-mu-geul ji-ki-da |

14. Kleuren

kleur (de)	색	sae
tint (de)	색조	saek-jo
kleurnuance (de)	색상	saek-sang
regenboog (de)	무지개	mu-ji-gae

wit (bn)	흰	huin
zwart (bn)	검은	geo-meun
grijs (bn)	회색의	hoe-sae-gui

groen (bn)	초록색의	cho-rok-sae-gui
geel (bn)	노란	no-ran
rood (bn)	빨간	ppal-gan

blauw (bn)	파란	pa-ran
lichtblauw (bn)	하늘색의	ha-neul-sae-gui
roze (bn)	분홍색의	bun-hong-sae-gui
oranje (bn)	주황색의	ju-hwang-sae-gui
violet (bn)	보라색의	bo-ra-sae-gui
bruin (bn)	갈색의	gal-sae-gui

| goud (bn) | 금색의 | geum-sae-gui |
| zilverkleurig (bn) | 은색의 | eun-sae-gui |

beige (bn)	베이지색의	be-i-ji-sae-gui
roomkleurig (bn)	크림색의	keu-rim-sae-gui
turkoois (bn)	청록색의	cheong-nok-sae-gui
kersrood (bn)	암적색의	am-jeok-sae-gui
lila (bn)	연보라색의	yeon-bo-ra-sae-gui
karmijnrood (bn)	진홍색의	jin-hong-sae-gui

licht (bn)	밝은	bal-geun
donker (bn)	짙은	ji-teun
fel (bn)	선명한	seon-myeong-han

kleur-, kleurig (bn)	색의	sae-gui
kleuren- (abn)	컬러의	keol-leo-ui
zwart-wit (bn)	흑백의	heuk-bae-gui
eenkleurig (bn)	단색의	dan-sae-gui
veelkleurig (bn)	다색의	da-sae-gui

15. Vragen

Wie?	누구?	nu-gu?
Wat?	무엇?	mu-eot?
Waar?	어디?	eo-di?
Waarheen?	어디로?	eo-di-ro?
Waar ... vandaan?	어디로부터?	eo-di-ro-bu-teo?

Wanneer?	언제?	eon-je?
Waarom?	왜?	wae?
Waarom?	왜?	wae?
Waarvoor dan ook?	무엇을 위해서?	mu-eos-eul rwi-hae-seo?
Hoe?	어떻게?	eo-tteo-ke?
Wat voor ...?	어떤?	eo-tteon?
Welk?	어느?	eo-neu?
Aan wie?	누구에게?	nu-gu-e-ge?
Over wie?	누구에 대하여?	nu-gu-e dae-ha-yeo?
Waarover?	무엇에 대하여?	mu-eos-e dae-ha-yeo?
Met wie?	누구하고?	nu-gu-ha-go?
Hoeveel?	얼마?	eol-ma?
Van wie? (mann.)	누구의?	nu-gu-ui?

16. Voorzetsels

met (bijv. ~ beleg)	··· 하고	... ha-go
zonder (~ accent)	없이	eop-si
naar (in de richting van)	··· 에	... e
over (praten ~)	··· 에 대하여	... e dae-ha-yeo
voor (in tijd)	전에	jeon-e
voor (aan de voorkant)	··· 앞에	... a-pe
onder (lager dan)	밑에	mi-te
boven (hoger dan)	위에	wi-e
op (bovenop)	위에	wi-e
van (uit, afkomstig van)	··· 에서	... e-seo
van (gemaakt van)	··· 로	... ro
over (bijv. ~ een uur)	··· 안에	... a-ne
over (over de bovenkant)	너머	dwi-e

17. Functiewoorden. Bijwoorden. Deel 1

Waar?	어디?	eo-di?
hier (bw)	여기	yeo-gi
daar (bw)	거기	geo-gi
ergens (bw)	어딘가	eo-din-ga
nergens (bw)	어디도	eo-di-do
bij ... (in de buurt)	옆에	yeo-pe
bij het raam	창문 옆에	chang-mun nyeo-pe
Waarheen?	어디로?	eo-di-ro?
hierheen (bw)	여기로	yeo-gi-ro
daarheen (bw)	거기로	geo-gi-ro
hiervandaan (bw)	여기서	yeo-gi-seo
daarvandaan (bw)	거기서	geo-gi-seo

dichtbij (bw)	가까이	ga-kka-i
ver (bw)	멀리	meol-li
in de buurt (van …)	근처에	geun-cheo-e
vlakbij (bw)	인근에	in-geu-ne
niet ver (bw)	멀지 않게	meol-ji an-ke
linker (bn)	왼쪽의	oen-jjo-gui
links (bw)	왼쪽에	oen-jjo-ge
linksaf, naar links (bw)	왼쪽으로	oen-jjo-geu-ro
rechter (bn)	오른쪽의	o-reun-jjo-gui
rechts (bw)	오른쪽에	o-reun-jjo-ge
rechtsaf, naar rechts (bw)	오른쪽으로	o-reun-jjo-geu-ro
vooraan (bw)	앞쪽에	ap-jjo-ge
voorste (bn)	앞의	a-pui
vooruit (bw)	앞으로	a-peu-ro
achter (bw)	뒤에	dwi-e
van achteren (bw)	뒤에서	dwi-e-seo
achteruit (naar achteren)	뒤로	dwi-ro
midden (het)	가운데	ga-un-de
in het midden (bw)	가운데에	ga-un-de-e
opzij (bw)	옆에	yeo-pe
overal (bw)	모든 곳에	mo-deun gos-e
omheen (bw)	주위에	ju-wi-e
binnenuit (bw)	내면에서	nae-myeon-e-seo
naar ergens (bw)	어딘가에	eo-din-ga-e
rechtdoor (bw)	똑바로	ttok-ba-ro
terug (bijv. ~ komen)	뒤로	dwi-ro
ergens vandaan (bw)	어디에서든지	eo-di-e-seo-deun-ji
ergens vandaan (en dit geld moet ~ komen)	어디로부터인지	eo-di-ro-bu-teo-in-ji
ten eerste (bw)	첫째로	cheot-jjae-ro
ten tweede (bw)	둘째로	dul-jjae-ro
ten derde (bw)	셋째로	set-jjae-ro
plotseling (bw)	갑자기	gap-ja-gi
in het begin (bw)	처음에	cheo-eum-e
voor de eerste keer (bw)	처음으로	cheo-eu-meu-ro
lang voor … (bw)	… 오래 전에	… o-rae jeon-e
opnieuw (bw)	다시	da-si
voor eeuwig (bw)	영원히	yeong-won-hi
nooit (bw)	절대로	jeol-dae-ro
weer (bw)	다시	da-si
nu (bw)	이제	i-je
vaak (bw)	자주	ja-ju
toen (bw)	그때	geu-ttae
urgent (bw)	급히	geu-pi

meestal (bw)	보통으로	bo-tong-eu-ro
trouwens, ... (tussen haakjes)	그건 그렇고, ...	geu-geon geu-reo-ko, ...
mogelijk (bw)	가능한	ga-neung-han
waarschijnlijk (bw)	아마	a-ma
misschien (bw)	어쩌면	eo-jjeo-myeon
trouwens (bw)	게다가 ...	ge-da-ga ...
daarom ...	그래서 ...	geu-rae-seo ...
in weerwil van ...	... 에도 불구하고	... e-do bul-gu-ha-go
dankzij ...	... 덕분에	... deok-bun-e
iets (vn)	무엇인가	mu-eon-nin-ga
iets	무엇이든지	mu-eon-ni-deun-ji
niets (vn)	아무것도	a-mu-geot-do
iemand (een onbekende)	누구	nu-gu
iemand (een bepaald persoon)	누군가	nu-gun-ga
niemand (vn)	아무도	a-mu-do
nergens (bw)	아무데도	a-mu-de-do
niemands (bn)	누구의 것도 아닌	nu-gu-ui geot-do a-nin
iemands (bn)	누군가의	nu-gun-ga-ui
zo (Ik ben ~ blij)	그래서	geu-rae-seo
ook (evenals)	역시	yeok-si
alsook (eveneens)	또한	tto-han

18. Functiewoorden. Bijwoorden. Deel 2

Waarom?	왜?	wae?
om een bepaalde reden	어떤 이유로	eo-tteon ni-yu-ro
omdat ...	왜냐하면 ...	wae-nya-ha-myeon ...
voor een bepaald doel	어떤 목적으로	eo-tteon mok-jeo-geu-ro
en (vw)	그리고	geu-ri-go
of (vw)	또는	tto-neun
maar (vw)	그러나	geu-reo-na
voor (vz)	위해서	wi-hae-seo
te (~ veel mensen)	너무	neo-mu
alleen (bw)	... 만	... man
precies (bw)	정확하게	jeong-hwak-a-ge
ongeveer (~ 10 kg)	약	yak
omstreeks (bw)	대략	dae-ryak
bij benadering (bn)	대략적인	dae-ryak-jeo-gin
bijna (bw)	거의	geo-ui
rest (de)	나머지	na-meo-ji
elk (bn)	각각의	gak-ga-gui
om het even welk	아무	a-mu
veel (grote hoeveelheid)	많이	ma-ni
veel mensen	많은 사람들	ma-neun sa-ram-deul

iedereen (alle personen)	모두	mo-du
in ruil voor ...	... 의 교환으로	... ui gyo-hwa-neu-ro
in ruil (bw)	교환으로	gyo-hwa-neu-ro
met de hand (bw)	수공으로	su-gong-eu-ro
onwaarschijnlijk (bw)	거의	geo-ui
waarschijnlijk (bw)	아마	a-ma
met opzet (bw)	일부러	il-bu-reo
toevallig (bw)	우연히	u-yeon-hi
zeer (bw)	아주	a-ju
bijvoorbeeld (bw)	예를 들면	ye-reul deul-myeon
tussen (~ twee steden)	사이에	sa-i-e
tussen (te midden van)	중에	jung-e
zoveel (bw)	이만큼	i-man-keum
vooral (bw)	특히	teuk-i

Basisbegrippen Deel 2

19. Dagen van de week

maandag (de)	월요일	wo-ryo-il
dinsdag (de)	화요일	hwa-yo-il
woensdag (de)	수요일	su-yo-il
donderdag (de)	목요일	mo-gyo-il
vrijdag (de)	금요일	geu-myo-il
zaterdag (de)	토요일	to-yo-il
zondag (de)	일요일	i-ryo-il

vandaag (bw)	오늘	o-neul
morgen (bw)	내일	nae-il
overmorgen (bw)	모레	mo-re
gisteren (bw)	어제	eo-je
eergisteren (bw)	그저께	geu-jeo-kke

dag (de)	낮	nat
werkdag (de)	근무일	geun-mu-il
feestdag (de)	공휴일	gong-hyu-il
verlofdag (de)	휴일	hyu-il
weekend (het)	주말	ju-mal

de hele dag (bw)	하루종일	ha-ru-jong-il
de volgende dag (bw)	다음날	da-eum-nal
twee dagen geleden	이틀 전	i-teul jeon
aan de vooravond (bw)	전날	jeon-nal
dag-, dagelijks (bn)	일간의	il-ga-nui
elke dag (bw)	매일	mae-il

week (de)	주	ju
vorige week (bw)	지난 주에	ji-nan ju-e
volgende week (bw)	다음 주에	da-eum ju-e
wekelijks (bn)	주간의	ju-ga-nui
elke week (bw)	매주	mae-ju
twee keer per week	일주일에 두번	il-ju-i-re du-beon
elke dinsdag	매주 화요일	mae-ju hwa-yo-il

20. Uren. Dag en nacht

morgen (de)	아침	a-chim
's morgens (bw)	아침에	a-chim-e
middag (de)	정오	jeong-o
's middags (bw)	오후에	o-hu-e

avond (de)	저녁	jeo-nyeok
's avonds (bw)	저녁에	jeo-nyeo-ge

nacht (de)	밤	bam
's nachts (bw)	밤에	bam-e
middernacht (de)	자정	ja-jeong
seconde (de)	초	cho
minuut (de)	분	bun
uur (het)	시	si
halfuur (het)	반시간	ban-si-gan
kwartier (het)	십오분	si-bo-bun
vijftien minuten	십오분	si-bo-bun
etmaal (het)	이십사시간	i-sip-sa-si-gan
zonsopgang (de)	일출	il-chul
dageraad (de)	새벽	sae-byeok
vroege morgen (de)	이른 아침	i-reun a-chim
zonsondergang (de)	저녁 노을	jeo-nyeok no-eul
's morgens vroeg (bw)	이른 아침에	i-reun a-chim-e
vanmorgen (bw)	오늘 아침에	o-neul ra-chim-e
morgenochtend (bw)	내일 아침에	nae-il ra-chim-e
vanmiddag (bw)	오늘 오후에	o-neul ro-hu-e
's middags (bw)	오후에	o-hu-e
morgenmiddag (bw)	내일 오후에	nae-il ro-hu-e
vanavond (bw)	오늘 저녁에	o-neul jeo-nyeo-ge
morgenavond (bw)	내일 밤에	nae-il bam-e
klokslag drie uur	3시 정각에	se-si jeong-ga-ge
ongeveer vier uur	4시쯤에	ne-si-jjeu-me
tegen twaalf uur	12시까지	yeoldu si-kka-ji
over twintig minuten	20분 안에	isib-bun na-ne
over een uur	한 시간 안에	han si-gan na-ne
op tijd (bw)	제시간에	je-si-gan-e
kwart voor ...	... 십오 분	... si-bo bun
binnen een uur	한 시간 내에	han si-gan nae-e
elk kwartier	15분 마다	sibo-bun ma-da
de klok rond	하루종일	ha-ru-jong-il

21. Maanden. Seizoenen

januari (de)	일월	i-rwol
februari (de)	이월	i-wol
maart (de)	삼월	sam-wol
april (de)	사월	sa-wol
mei (de)	오월	o-wol
juni (de)	유월	yu-wol
juli (de)	칠월	chi-rwol
augustus (de)	팔월	pa-rwol
september (de)	구월	gu-wol
oktober (de)	시월	si-wol

november (de)	십일월	si-bi-rwol
december (de)	십이월	si-bi-wol
lente (de)	봄	bom
in de lente (bw)	봄에	bom-e
lente- (abn)	봄의	bom-ui
zomer (de)	여름	yeo-reum
in de zomer (bw)	여름에	yeo-reum-e
zomer-, zomers (bn)	여름의	yeo-reu-mui
herfst (de)	가을	ga-eul
in de herfst (bw)	가을에	ga-eu-re
herfst- (abn)	가을의	ga-eu-rui
winter (de)	겨울	gyeo-ul
in de winter (bw)	겨울에	gyeo-u-re
winter- (abn)	겨울의	gyeo-ul
maand (de)	월, 달	wol, dal
deze maand (bw)	이번 달에	i-beon da-re
volgende maand (bw)	다음 달에	da-eum da-re
vorige maand (bw)	지난 달에	ji-nan da-re
een maand geleden (bw)	한달 전에	han-dal jeon-e
over een maand (bw)	한 달 안에	han dal ra-ne
over twee maanden (bw)	두 달 안에	du dal ra-ne
de hele maand (bw)	한 달 내내	han dal lae-nae
een volle maand (bw)	한달간 내내	han-dal-gan nae-nae
maand-, maandelijks (bn)	월간의	wol-ga-nui
maandelijks (bw)	매월, 매달	mae-wol, mae-dal
elke maand (bw)	매달	mae-dal
twee keer per maand	한 달에 두 번	han da-re du beon
jaar (het)	년	nyeon
dit jaar (bw)	올해	ol-hae
volgend jaar (bw)	내년	nae-nyeon
vorig jaar (bw)	작년	jang-nyeon
een jaar geleden (bw)	일년 전	il-lyeon jeon
over een jaar	일 년 안에	il lyeon na-ne
over twee jaar	이 년 안에	i nyeon na-ne
het hele jaar	한 해 전체	han hae jeon-che
een vol jaar	일년 내내	il-lyeon nae-nae
elk jaar	매년	mae-nyeon
jaar-, jaarlijks (bn)	연간의	yeon-ga-nui
jaarlijks (bw)	매년	mae-nyeon
4 keer per jaar	일년에 네 번	il-lyeon-e ne beon
datum (de)	날짜	nal-jja
datum (de)	월일	wo-ril
kalender (de)	달력	dal-lyeok
een half jaar	반년	ban-nyeon
zes maanden	육개월	yuk-gae-wol

| seizoen (bijv. lente, zomer) | 계절 | gye-jeol |
| eeuw (de) | 세기 | se-gi |

22. Meeteenheden

gewicht (het)	무게	mu-ge
lengte (de)	길이	gi-ri
breedte (de)	폭, 너비	pok, neo-bi
hoogte (de)	높이	no-pi
diepte (de)	깊이	gi-pi
volume (het)	부피	bu-pi
oppervlakte (de)	면적	myeon-jeok

gram (het)	그램	geu-raem
milligram (het)	밀리그램	mil-li-geu-raem
kilogram (het)	킬로그램	kil-lo-geu-raem
ton (duizend kilo)	톤	ton
pond (het)	파운드	pa-un-deu
ons (het)	온스	on-seu

meter (de)	미터	mi-teo
millimeter (de)	밀리미터	mil-li-mi-teo
centimeter (de)	센티미터	sen-ti-mi-teo
kilometer (de)	킬로미터	kil-lo-mi-teo
mijl (de)	마일	ma-il

duim (de)	인치	in-chi
voet (de)	피트	pi-teu
yard (de)	야드	ya-deu

| vierkante meter (de) | 제곱미터 | je-gom-mi-teo |
| hectare (de) | 헥타르 | hek-ta-reu |

liter (de)	리터	ri-teo
graad (de)	도	do
volt (de)	볼트	bol-teu
ampère (de)	암페어	am-pe-eo
paardenkracht (de)	마력	ma-ryeok

hoeveelheid (de)	수량, 양	su-ryang, yang
een beetje ...	... 조금	... jo-geum
helft (de)	절반	jeol-ban

| dozijn (het) | 다스 | da-seu |
| stuk (het) | 조각 | jo-gak |

| afmeting (de) | 크기 | keu-gi |
| schaal (bijv. ~ van 1 op 50) | 축척 | chuk-cheok |

minimaal (bn)	최소의	choe-so-ui
minste (bn)	가장 작은	ga-jang ja-geun
medium (bn)	중간의	jung-gan-ui
maximaal (bn)	최대의	choe-dae-ui
grootste (bn)	가장 큰	ga-jang keun

23. Containers

glazen pot (de)	유리병	yu-ri-byeong
blik (conserven~)	캔, 깡통	kaen, kkang-tong
emmer (de)	양동이	yang-dong-i
ton (bijv. regenton)	통	tong
ronde waterbak (de)	대야	dae-ya
tank (bijv. watertank-70-ltr)	탱크	taeng-keu
heupfles (de)	휴대용 술병	hyu-dae-yong sul-byeong
jerrycan (de)	통	tong
tank (bijv. ketelwagen)	탱크	taeng-keu
beker (de)	머그컵	meo-geu-keop
kopje (het)	컵	keop
schoteltje (het)	받침 접시	bat-chim jeop-si
glas (het)	유리잔	yu-ri-jan
wijnglas (het)	와인글라스	wa-in-geul-la-seu
steelpan (de)	냄비	naem-bi
fles (de)	병	byeong
flessenhals (de)	병목	byeong-mok
karaf (de)	디캔터	di-kaen-teo
kruik (de)	물병	mul-byeong
vat (het)	용기	yong-gi
pot (de)	항아리	hang-a-ri
vaas (de)	화병	hwa-byeong
flacon (de)	향수병	hyang-su-byeong
flesje (het)	약병	yak-byeong
tube (bijv. ~ tandpasta)	튜브	tyu-beu
zak (bijv. ~ aardappelen)	자루	ja-ru
tasje (het)	봉투	bong-tu
pakje (~ sigaretten, enz.)	갑	gap
doos (de)	박스	bak-seu
kist (de)	상자	sang-ja
mand (de)	바구니	ba-gu-ni

MENS

Mens. Het lichaam

24. Hoofd

hoofd (het)	머리	meo-ri
gezicht (het)	얼굴	eol-gul
neus (de)	코	ko
mond (de)	입	ip
oog (het)	눈	nun
ogen (mv.)	눈	nun
pupil (de)	눈동자	nun-dong-ja
wenkbrauw (de)	눈썹	nun-sseop
wimper (de)	속눈썹	song-nun-sseop
ooglid (het)	눈꺼풀	nun-kkeo-pul
tong (de)	혀	hyeo
tand (de)	이	i
lippen (mv.)	입술	ip-sul
jukbeenderen (mv.)	광대뼈	gwang-dae-ppyeo
tandvlees (het)	잇몸	in-mom
gehemelte (het)	입천장	ip-cheon-jang
neusgaten (mv.)	콧구멍	kot-gu-meong
kin (de)	턱	teok
kaak (de)	턱	teok
wang (de)	뺨, 볼	ppyam, bol
voorhoofd (het)	이마	i-ma
slaap (de)	관자놀이	gwan-ja-no-ri
oor (het)	귀	gwi
achterhoofd (het)	뒤통수	dwi-tong-su
hals (de)	목	mok
keel (de)	목구멍	mok-gu-meong
haren (mv.)	머리털, 헤어	meo-ri-teol, he-eo
kapsel (het)	머리 스타일	meo-ri seu-ta-il
haarsnit (de)	헤어컷	he-eo-keot
pruik (de)	가발	ga-bal
snor (de)	콧수염	kot-su-yeom
baard (de)	턱수염	teok-su-yeom
dragen (een baard, enz.)	기르다	gi-reu-da
vlecht (de)	땋은 머리	tta-eun meo-ri
bakkebaarden (mv.)	구레나룻	gu-re-na-rut
ros (roodachtig, rossig)	빨강머리의	ppal-gang-meo-ri-ui
grijs (~ haar)	흰머리의	huin-meo-ri-ui

kaal (bn)	대머리인	dae-meo-ri-in
kale plek (de)	땜통	ttaem-tong
paardenstaart (de)	말총머리	mal-chong-meo-ri
pony (de)	앞머리	am-meo-ri

25. Menselijk lichaam

hand (de)	손	son
arm (de)	팔	pal

vinger (de)	손가락	son-ga-rak
duim (de)	엄지손가락	eom-ji-son-ga-rak
pink (de)	새끼손가락	sae-kki-son-ga-rak
nagel (de)	손톱	son-top

vuist (de)	주먹	ju-meok
handpalm (de)	손바닥	son-ba-dak
pols (de)	손목	son-mok
voorarm (de)	전박	jeon-bak
elleboog (de)	팔꿈치	pal-kkum-chi
schouder (de)	어깨	eo-kkae

been (rechter ~)	다리	da-ri
voet (de)	발	bal
knie (de)	무릎	mu-reup
kuit (de)	종아리	jong-a-ri
heup (de)	엉덩이	eong-deong-i
hiel (de)	발뒤꿈치	bal-dwi-kkum-chi

lichaam (het)	몸	mom
buik (de)	배	bae
borst (de)	가슴	ga-seum
borst (de)	가슴	ga-seum
zijde (de)	옆구리	yeop-gu-ri
rug (de)	등	deung
lage rug (de)	허리	heo-ri
taille (de)	허리	heo-ri

navel (de)	배꼽	bae-kkop
billen (mv.)	엉덩이	eong-deong-i
achterwerk (het)	엉덩이	eong-deong-i

huidvlek (de)	점	jeom
moedervlek (de)	모반	mo-ban
tatoeage (de)	문신	mun-sin
litteken (het)	흉터	hyung-teo

Kleding en accessoires

26. Bovenkleding. Jassen

kleren (mv.), kleding (de)	옷	ot
bovenkleding (de)	겉옷	geo-tot
winterkleding (de)	겨울옷	gyeo-u-rot
jas (de)	코트	ko-teu
bontjas (de)	모피 외투	mo-pi oe-tu
bontjasje (het)	짧은 모피 외투	jjal-beun mo-pi oe-tu
donzen jas (de)	패딩점퍼	pae-ding-jeom-peo
jasje (bijv. een leren ~)	재킷	jae-kit
regenjas (de)	트렌치코트	teu-ren-chi-ko-teu
waterdicht (bn)	방수의	bang-su-ui

27. Heren & dames kleding

overhemd (het)	셔츠	syeo-cheu
broek (de)	바지	ba-ji
jeans (de)	청바지	cheong-ba-ji
colbert (de)	재킷	jae-kit
kostuum (het)	양복	yang-bok
jurk (de)	드레스	deu-re-seu
rok (de)	치마	chi-ma
blouse (de)	블라우스	beul-la-u-seu
wollen vest (de)	니트 재킷	ni-teu jae-kit
blazer (kort jasje)	재킷	jae-kit
T-shirt (het)	티셔츠	ti-syeo-cheu
shorts (mv.)	반바지	ban-ba-ji
trainingspak (het)	운동복	un-dong-bok
badjas (de)	목욕가운	mo-gyok-ga-un
pyjama (de)	파자마	pa-ja-ma
sweater (de)	스웨터	seu-we-teo
pullover (de)	폴오버	pu-ro-beo
gilet (het)	조끼	jo-kki
rokkostuum (het)	연미복	yeon-mi-bok
smoking (de)	턱시도	teok-si-do
uniform (het)	제복	je-bok
werkkleding (de)	작업복	ja-geop-bok
overall (de)	작업바지	ja-geop-ba-ji
doktersjas (de)	가운	ga-un

28. Kleding. Ondergoed

ondergoed (het)	속옷	so-got
onderhemd (het)	러닝 셔츠	reo-ning syeo-cheu
sokken (mv.)	양말	yang-mal
nachthemd (het)	잠옷	jam-ot
beha (de)	브라	beu-ra
kniekousen (mv.)	무릎길이 스타킹	mu-reup-gi-ri seu-ta-king
panty (de)	팬티 스타킹	paen-ti seu-ta-king
nylonkousen (mv.)	밴드 스타킹	baen-deu seu-ta-king
badpak (het)	수영복	su-yeong-bok

29. Hoofddeksels

hoed (de)	모자	mo-ja
deukhoed (de)	중절모	jung-jeol-mo
honkbalpet (de)	야구 모자	ya-gu mo-ja
kleppet (de)	플랫캡	peul-laet-kaep
baret (de)	베레모	be-re-mo
kap (de)	후드	hu-deu
panamahoed (de)	파나마 모자	pa-na-ma mo-ja
gebreide muts (de)	니트 모자	ni-teu mo-ja
hoofddoek (de)	스카프	seu-ka-peu
dameshoed (de)	여성용 모자	yeo-seong-yong mo-ja
veiligheidshelm (de)	안전모	an-jeon-mo
veldmuts (de)	개리슨 캡	gae-ri-seun kaep
helm, valhelm (de)	헬멧	hel-met

30. Schoeisel

schoeisel (het)	신발	sin-bal
schoenen (mv.)	구두	gu-du
vrouwenschoenen (mv.)	구두	gu-du
laarzen (mv.)	부츠	bu-cheu
pantoffels (mv.)	슬리퍼	seul-li-peo
sportschoenen (mv.)	운동화	un-dong-hwa
sneakers (mv.)	스니커즈	seu-ni-keo-jeu
sandalen (mv.)	샌들	saen-deul
schoenlapper (de)	구둣방	gu-dut-bang
hiel (de)	굽	gup
paar (een ~ schoenen)	켤레	kyeol-le
veter (de)	끈	kkeun
rijgen (schoenen ~)	끈을 매다	kkeu-neul mae-da

schoenlepel (de)	구둣주걱	gu-dut-ju-geok
schoensmeer (de/het)	구두약	gu-du-yak

31. Persoonlijke accessoires

handschoenen (mv.)	장갑	jang-gap
wanten (mv.)	벙어리장갑	beong-eo-ri-jang-gap
sjaal (fleece ~)	목도리	mok-do-ri
bril (de)	안경	an-gyeong
brilmontuur (het)	안경테	an-gyeong-te
paraplu (de)	우산	u-san
wandelstok (de)	지팡이	ji-pang-i
haarborstel (de)	빗, 솔빗	bit, sol-bit
waaier (de)	부채	bu-chae
das (de)	넥타이	nek-ta-i
strikje (het)	나비넥타이	na-bi-nek-ta-i
bretels (mv.)	멜빵	mel-ppang
zakdoek (de)	손수건	son-su-geon
kam (de)	빗	bit
haarspeldje (het)	머리핀	meo-ri-pin
schuifspeldje (het)	머리핀	meo-ri-pin
gesp (de)	버클	beo-keul
broekriem (de)	벨트	bel-teu
draagriem (de)	어깨끈	eo-kkae-kkeun
handtas (de)	가방	ga-bang
damestas (de)	핸드백	haen-deu-baek
rugzak (de)	배낭	bae-nang

32. Kleding. Diversen

mode (de)	패션	pae-syeon
de mode (bn)	유행하는	yu-haeng-ha-neun
kledingstilist (de)	패션 디자이너	pae-syeon di-ja-i-neo
kraag (de)	옷깃	ot-git
zak (de)	주머니, 포켓	ju-meo-ni, po-ket
zak- (abn)	주머니의	ju-meo-ni-ui
mouw (de)	소매	so-mae
lusje (het)	거는 끈	geo-neun kkeun
gulp (de)	바지 지퍼	ba-ji ji-peo
rits (de)	지퍼	ji-peo
sluiting (de)	조임쇠	jo-im-soe
knoop (de)	단추	dan-chu
knoopsgat (het)	단춧 구멍	dan-chut gu-meong
losraken (bijv. knopen)	떨어지다	tteo-reo-ji-da
naaien (kleren, enz.)	바느질하다	ba-neu-jil-ha-da

borduren (ww)	수놓다	su-no-ta
borduursel (het)	자수	ja-su
naald (de)	바늘	ba-neul
draad (de)	실	sil
naad (de)	솔기	sol-gi
vies worden (ww)	더러워지다	deo-reo-wo-ji-da
vlek (de)	얼룩	eol-luk
gekreukt raken (ov. kleren)	구겨지다	gu-gyeo-ji-da
scheuren (ov.ww.)	찢다	jjit-da
mot (de)	좀	jom

33. Persoonlijke verzorging. Schoonheidsmiddelen

tandpasta (de)	치약	chi-yak
tandenborstel (de)	칫솔	chit-sol
tanden poetsen (ww)	이를 닦다	i-reul dak-da
scheermes (het)	면도기	myeon-do-gi
scheerschuim (het)	면도용 크림	myeon-do-yong keu-rim
zich scheren (ww)	깎다	kkak-da
zeep (de)	비누	bi-nu
shampoo (de)	샴푸	syam-pu
schaar (de)	가위	ga-wi
nagelvijl (de)	손톱줄	son-top-jul
nagelknipper (de)	손톱깎이	son-top-kka-kki
pincet (het)	족집게	jok-jip-ge
cosmetica (de)	화장품	hwa-jang-pum
masker (het)	얼굴 마스크	eol-gul ma-seu-keu
manicure (de)	매니큐어	mae-ni-kyu-eo
manicure doen	매니큐어를 칠하다	mae-ni-kyu-eo-reul chil-ha-da
pedicure (de)	페디큐어	pe-di-kyu-eo
cosmetica tasje (het)	화장품 가방	hwa-jang-pum ga-bang
poeder (de/het)	분	bun
poederdoos (de)	콤팩트	kom-paek-teu
rouge (de)	블러셔	beul-leo-syeo
parfum (de/het)	향수	hyang-su
eau de toilet (de)	화장수	hwa-jang-su
lotion (de)	로션	ro-syeon
eau de cologne (de)	오드콜로뉴	o-deu-kol-lo-nyu
oogschaduw (de)	아이섀도	a-i-syae-do
oogpotlood (het)	아이라이너	a-i-ra-i-neo
mascara (de)	마스카라	ma-seu-ka-ra
lippenstift (de)	립스틱	rip-seu-tik
nagellak (de)	매니큐어	mae-ni-kyu-eo
haarlak (de)	헤어 스프레이	he-eo seu-peu-re-i
deodorant (de)	데오도란트	de-o-do-ran-teu

crème (de)	크림	keu-rim
gezichtscrème (de)	얼굴 크림	eol-gul keu-rim
handcrème (de)	핸드 크림	haen-deu keu-rim
antirimpelcrème (de)	주름제거 크림	ju-reum-je-geo keu-rim
dag- (abn)	낮의	na-jui
nacht- (abn)	밤의	ba-mui
tampon (de)	탐폰	tam-pon
toiletpapier (het)	화장지	hwa-jang-ji
föhn (de)	헤어 드라이어	he-eo deu-ra-i-eo

34. Horloges. Klokken

polshorloge (het)	손목 시계	son-mok si-gye
wijzerplaat (de)	문자반	mun-ja-ban
wijzer (de)	바늘	ba-neul
metalen horlogeband (de)	금속제 시계줄	geum-sok-je si-gye-jul
horlogebandje (het)	시계줄	si-gye-jul
batterij (de)	건전지	geon-jeon-ji
leeg zijn (ww)	나가다	na-ga-da
batterij vervangen	배터리를 갈다	bae-teo-ri-reul gal-da
voorlopen (ww)	빨리 가다	ppal-li ga-da
achterlopen (ww)	늦게 가다	neut-ge ga-da
wandklok (de)	벽시계	byeok-si-gye
zandloper (de)	모래시계	mo-rae-si-gye
zonnewijzer (de)	해시계	hae-si-gye
wekker (de)	알람 시계	al-lam si-gye
horlogemaker (de)	시계 기술자	si-gye gi-sul-ja
repareren (ww)	수리하다	su-ri-ha-da

Voedsel. Voeding

35. Voedsel

vlees (het)	고기	go-gi
kip (de)	닭고기	dak-go-gi
kuiken (het)	영계	yeong-gye
eend (de)	오리고기	o-ri-go-gi
gans (de)	거위고기	geo-wi-go-gi
wild (het)	사냥감	sa-nyang-gam
kalkoen (de)	칠면조고기	chil-myeon-jo-go-gi
varkensvlees (het)	돼지고기	dwae-ji-go-gi
kalfsvlees (het)	송아지 고기	song-a-ji go-gi
schapenvlees (het)	양고기	yang-go-gi
rundvlees (het)	소고기	so-go-gi
konijnenvlees (het)	토끼고기	to-kki-go-gi
worst (de)	소시지	so-si-ji
saucijs (de)	비엔나 소시지	bi-en-na so-si-ji
spek (het)	베이컨	be-i-keon
ham (de)	햄	haem
gerookte achterham (de)	개먼	gae-meon
paté, pastei (de)	파테	pa-te
lever (de)	간	gan
gehakt (het)	다진 고기	da-jin go-gi
tong (de)	혀	hyeo
ei (het)	계란	gye-ran
eieren (mv.)	계란	gye-ran
eiwit (het)	흰자	huin-ja
eigeel (het)	노른자	no-reun-ja
vis (de)	생선	saeng-seon
zeevruchten (mv.)	해물	hae-mul
kaviaar (de)	캐비어	kae-bi-eo
krab (de)	게	ge
garnaal (de)	새우	sae-u
oester (de)	굴	gul
langoest (de)	대하	dae-ha
octopus (de)	문어	mun-eo
inktvis (de)	오징어	o-jing-eo
steur (de)	철갑상어	cheol-gap-sang-eo
zalm (de)	연어	yeon-eo
heilbot (de)	넙치	neop-chi
kabeljauw (de)	대구	dae-gu
makreel (de)	고등어	go-deung-eo

tonijn (de)	참치	cham-chi
paling (de)	뱀장어	baem-jang-eo
forel (de)	송어	song-eo
sardine (de)	정어리	jeong-eo-ri
snoek (de)	강꼬치고기	gang-kko-chi-go-gi
haring (de)	청어	cheong-eo
brood (het)	빵	ppang
kaas (de)	치즈	chi-jeu
suiker (de)	설탕	seol-tang
zout (het)	소금	so-geum
rijst (de)	쌀	ssal
pasta (de)	파스타	pa-seu-ta
noedels (mv.)	면	myeon
boter (de)	버터	beo-teo
plantaardige olie (de)	식물유	sing-mu-ryu
zonnebloemolie (de)	해바라기유	hae-ba-ra-gi-yu
margarine (de)	마가린	ma-ga-rin
olijven (mv.)	올리브	ol-li-beu
olijfolie (de)	올리브유	ol-li-beu-yu
melk (de)	우유	u-yu
gecondenseerde melk (de)	연유	yeo-nyu
yoghurt (de)	요구르트	yo-gu-reu-teu
zure room (de)	사워크림	sa-wo-keu-rim
room (de)	크림	keu-rim
mayonaise (de)	마요네즈	ma-yo-ne-jeu
crème (de)	버터크림	beo-teo-keu-rim
graan (het)	곡물	gong-mul
meel (het), bloem (de)	밀가루	mil-ga-ru
conserven (mv.)	통조림	tong-jo-rim
maïsvlokken (mv.)	콘플레이크	kon-peul-le-i-keu
honing (de)	꿀	kkul
jam (de)	잼	jaem
kauwgom (de)	껌	kkeom

36. Drankjes

water (het)	물	mul
drinkwater (het)	음료수	eum-nyo-su
mineraalwater (het)	미네랄 워터	mi-ne-ral rwo-teo
zonder gas	탄산 없는	tan-san neom-neun
koolzuurhoudend (bn)	탄산의	tan-sa-nui
bruisend (bn)	탄산이 든	tan-san-i deun
IJs (het)	얼음	eo-reum
met ijs	얼음을 넣은	eo-reu-meul leo-eun

alcohol vrij (bn)	무알코올의	mu-al-ko-o-rui
alcohol vrije drank (de)	청량음료	cheong-nyang-eum-nyo
frisdrank (de)	청량 음료	cheong-nyang eum-nyo
limonade (de)	레모네이드	re-mo-ne-i-deu
alcoholische dranken (mv.)	술	sul
wijn (de)	와인	wa-in
witte wijn (de)	백 포도주	baek po-do-ju
rode wijn (de)	레드 와인	re-deu wa-in
likeur (de)	리큐르	ri-kyu-reu
champagne (de)	샴페인	syam-pe-in
vermout (de)	베르무트	be-reu-mu-teu
whisky (de)	위스키	wi-seu-ki
wodka (de)	보드카	bo-deu-ka
gin (de)	진	jin
cognac (de)	코냑	ko-nyak
rum (de)	럼	reom
koffie (de)	커피	keo-pi
zwarte koffie (de)	블랙 커피	beul-laek keo-pi
koffie (de) met melk	밀크 커피	mil-keu keo-pi
cappuccino (de)	카푸치노	ka-pu-chi-no
oploskoffie (de)	인스턴트 커피	in-seu-teon-teu keo-pi
melk (de)	우유	u-yu
cocktail (de)	칵테일	kak-te-il
milkshake (de)	밀크 셰이크	mil-keu sye-i-keu
sap (het)	주스	ju-seu
tomatensap (het)	토마토 주스	to-ma-to ju-seu
sinaasappelsap (het)	오렌지 주스	o-ren-ji ju-seu
vers geperst sap (het)	생과일주스	saeng-gwa-il-ju-seu
bier (het)	맥주	maek-ju
licht bier (het)	라거	ra-geo
donker bier (het)	흑맥주	heung-maek-ju
thee (de)	차	cha
zwarte thee (de)	홍차	hong-cha
groene thee (de)	녹차	nok-cha

37. Groenten

groenten (mv.)	채소	chae-so
verse kruiden (mv.)	녹황색 채소	nok-wang-saek chae-so
tomaat (de)	토마토	to-ma-to
augurk (de)	오이	o-i
wortel (de)	당근	dang-geun
aardappel (de)	감자	gam-ja
ui (de)	양파	yang-pa
knoflook (de)	마늘	ma-neul

kool (de)	양배추	yang-bae-chu
bloemkool (de)	컬리플라워	keol-li-peul-la-wo
spruitkool (de)	방울다다기 양배추	bang-ul-da-da-gi yang-bae-chu
broccoli (de)	브로콜리	beu-ro-kol-li

rode biet (de)	비트	bi-teu
aubergine (de)	가지	ga-ji
courgette (de)	애호박	ae-ho-bak
pompoen (de)	호박	ho-bak
raap (de)	순무	sun-mu

peterselie (de)	파슬리	pa-seul-li
dille (de)	딜	dil
sla (de)	양상추	yang-sang-chu
selderij (de)	셀러리	sel-leo-ri
asperge (de)	아스파라거스	a-seu-pa-ra-geo-seu
spinazie (de)	시금치	si-geum-chi

erwt (de)	완두	wan-du
bonen (mv.)	콩	kong
maïs (de)	옥수수	ok-su-su
boon (de)	강낭콩	gang-nang-kong

peper (de)	피망	pi-mang
radijs (de)	무	mu
artisjok (de)	아티초크	a-ti-cho-keu

38. Vruchten. Noten

vrucht (de)	과일	gwa-il
appel (de)	사과	sa-gwa
peer (de)	배	bae
citroen (de)	레몬	re-mon
sinaasappel (de)	오렌지	o-ren-ji
aardbei (de)	딸기	ttal-gi

mandarijn (de)	귤	gyul
pruim (de)	자두	ja-du
perzik (de)	복숭아	bok-sung-a
abrikoos (de)	살구	sal-gu
framboos (de)	라즈베리	ra-jeu-be-ri
ananas (de)	파인애플	pa-in-ae-peul

banaan (de)	바나나	ba-na-na
watermeloen (de)	수박	su-bak
druif (de)	포도	po-do
zure kers (de)	신양	si-nyang
zoete kers (de)	양벚나무	yang-beon-na-mu
meloen (de)	멜론	mel-lon

grapefruit (de)	자몽	ja-mong
avocado (de)	아보카도	a-bo-ka-do
papaja (de)	파파야	pa-pa-ya

mango (de)	망고	mang-go
granaatappel (de)	석류	seong-nyu
rode bes (de)	레드커렌트	re-deu-keo-ren-teu
zwarte bes (de)	블랙커렌트	beul-laek-keo-ren-teu
kruisbes (de)	구스베리	gu-seu-be-ri
bosbes (de)	빌베리	bil-be-ri
braambes (de)	블랙베리	beul-laek-be-ri
rozijn (de)	건포도	geon-po-do
vijg (de)	무화과	mu-hwa-gwa
dadel (de)	대추야자	dae-chu-ya-ja
pinda (de)	땅콩	ttang-kong
amandel (de)	아몬드	a-mon-deu
walnoot (de)	호두	ho-du
hazelnoot (de)	개암	gae-am
kokosnoot (de)	코코넛	ko-ko-neot
pistaches (mv.)	피스타치오	pi-seu-ta-chi-o

39. Brood. Snoep

suikerbakkerij (de)	과자류	gwa-ja-ryu
brood (het)	빵	ppang
koekje (het)	쿠키	ku-ki
chocolade (de)	초콜릿	cho-kol-lit
chocolade- (abn)	초콜릿의	cho-kol-lis-ui
snoepje (het)	사탕	sa-tang
cakeje (het)	케이크	ke-i-keu
taart (bijv. verjaardags~)	케이크	ke-i-keu
pastei (de)	파이	pa-i
vulling (de)	속	sok
confituur (de)	잼	jaem
marmelade (de)	마멀레이드	ma-meol-le-i-deu
wafel (de)	와플	wa-peul
IJsje (het)	아이스크림	a-i-seu-keu-rim

40. Bereide gerechten

gerecht (het)	요리, 코스	yo-ri, ko-seu
keuken (bijv. Franse ~)	요리	yo-ri
recept (het)	요리법	yo-ri-beop
portie (de)	분량	bul-lyang
salade (de)	샐러드	sael-leo-deu
soep (de)	수프	su-peu
bouillon (de)	육수	yuk-su
boterham (de)	샌드위치	saen-deu-wi-chi

spiegelei (het)	계란후라이	gye-ran-hu-ra-i
hamburger (de)	햄버거	haem-beo-geo
biefstuk (de)	비프스테이크	bi-peu-seu-te-i-keu
garnering (de)	사이드 메뉴	sa-i-deu me-nyu
spaghetti (de)	스파게티	seu-pa-ge-ti
aardappelpuree (de)	으깬 감자	eu-kkaen gam-ja
pizza (de)	피자	pi-ja
pap (de)	죽	juk
omelet (de)	오믈렛	o-meul-let
gekookt (in water)	삶은	sal-meun
gerookt (bn)	훈제된	hun-je-doen
gebakken (bn)	튀긴	twi-gin
gedroogd (bn)	말린	mal-lin
diepvries (bn)	얼린	eol-lin
gemarineerd (bn)	초절인	cho-jeo-rin
zoet (bn)	단	dan
gezouten (bn)	짠	jjan
koud (bn)	차가운	cha-ga-un
heet (bn)	뜨거운	tteu-geo-un
bitter (bn)	쓴	sseun
lekker (bn)	맛있는	man-nin-neun
koken (in kokend water)	삶다	sam-da
bereiden (avondmaaltijd ~)	요리하다	yo-ri-ha-da
bakken (ww)	부치다	bu-chi-da
opwarmen (ww)	데우다	de-u-da
zouten (ww)	소금을 넣다	so-geu-meul leo-ta
peperen (ww)	후추를 넣다	hu-chu-reul leo-ta
raspen (ww)	강판에 갈다	gang-pa-ne gal-da
schil (de)	껍질	kkeop-jil
schillen (ww)	껍질 벗기다	kkeop-jil beot-gi-da

41. Kruiden

zout (het)	소금	so-geum
gezouten (bn)	짜	jja
zouten (ww)	소금을 넣다	so-geu-meul leo-ta
zwarte peper (de)	후추	hu-chu
rode peper (de)	고춧가루	go-chut-ga-ru
mosterd (de)	겨자	gyeo-ja
mierikswortel (de)	고추냉이	go-chu-naeng-i
condiment (het)	양념	yang-nyeom
specerij , kruiderij (de)	향료	hyang-nyo
saus (de)	소스	so-seu
azijn (de)	식초	sik-cho
anijs (de)	아니스	a-ni-seu
basilicum (de)	바질	ba-jil

kruidnagel (de)	정향	jeong-hyang
gember (de)	생강	saeng-gang
koriander (de)	고수	go-su
kaneel (de/het)	계피	gye-pi
sesamzaad (het)	깨	kkae
laurierblad (het)	월계수잎	wol-gye-su-ip
paprika (de)	파프리카	pa-peu-ri-ka
komijn (de)	캐러웨이	kae-reo-we-i
saffraan (de)	사프란	sa-peu-ran

42. Maaltijden

| eten (het) | 음식 | eum-sik |
| eten (ww) | 먹다 | meok-da |

ontbijt (het)	아침식사	a-chim-sik-sa
ontbijten (ww)	아침을 먹다	a-chi-meul meok-da
lunch (de)	점심식사	jeom-sim-sik-sa
lunchen (ww)	점심을 먹다	jeom-si-meul meok-da
avondeten (het)	저녁식사	jeo-nyeok-sik-sa
souperen (ww)	저녁을 먹다	jeo-nyeo-geul meok-da

| eetlust (de) | 식욕 | si-gyok |
| Eet smakelijk! | 맛있게 드십시오! | man-nit-ge deu-sip-si-o! |

openen (een fles ~)	열다	yeol-da
morsen (koffie, enz.)	엎지르다	eop-ji-reu-da
zijn gemorst	쏟아지다	sso-da-ji-da

koken (water kookt bij 100°C)	끓다	kkeul-ta
koken (Hoe om water te ~)	끓이다	kkeu-ri-da
gekookt (~ water)	끓인	kkeu-rin

| afkoelen (koeler maken) | 식히다 | sik-i-da |
| afkoelen (koeler worden) | 식다 | sik-da |

| smaak (de) | 맛 | mat |
| nasmaak (de) | 뒷 맛 | dwit mat |

volgen een dieet	살을 빼다	sa-reul ppae-da
dieet (het)	다이어트	da-i-eo-teu
vitamine (de)	비타민	bi-ta-min
calorie (de)	칼로리	kal-lo-ri

| vegetariër (de) | 채식주의자 | chae-sik-ju-ui-ja |
| vegetarisch (bn) | 채식주의의 | chae-sik-ju-ui-ui |

vetten (mv.)	지방	ji-bang
eiwitten (mv.)	단백질	dan-baek-jil
koolhydraten (mv.)	탄수화물	tan-su-hwa-mul
snede (de)	조각	jo-gak
stuk (bijv. een ~ taart)	조각	jo-gak
kruimel (de)	부스러기	bu-seu-reo-gi

43. Tafelschikking

lepel (de)	숟가락	sut-ga-rak
mes (het)	나이프	na-i-peu
vork (de)	포크	po-keu
kopje (het)	컵	keop
bord (het)	접시	jeop-si
schoteltje (het)	받침 접시	bat-chim jeop-si
servet (het)	냅킨	naep-kin
tandenstoker (de)	이쑤시개	i-ssu-si-gae

44. Restaurant

restaurant (het)	레스토랑	re-seu-to-rang
koffiehuis (het)	커피숍	keo-pi-syop
bar (de)	바	ba
tearoom (de)	카페, 티룸	ka-pe, ti-rum
kelner, ober (de)	웨이터	we-i-teo
serveerster (de)	웨이트리스	we-i-teu-ri-seu
barman (de)	바텐더	ba-ten-deo
menu (het)	메뉴판	me-nyu-pan
wijnkaart (de)	와인 메뉴	wa-in me-nyu
een tafel reserveren	테이블 예약을 하다	te-i-beul rye-ya-geul ha-da
gerecht (het)	요리, 코스	yo-ri, ko-seu
bestellen (eten ~)	주문하다	ju-mun-ha-da
een bestelling maken	주문을 하다	ju-mu-neul ha-da
aperitief (de/het)	아페리티프	a-pe-ri-ti-peu
voorgerecht (het)	애피타이저	ae-pi-ta-i-jeo
dessert (het)	디저트	di-jeo-teu
rekening (de)	계산서	gye-san-seo
de rekening betalen	계산하다	gye-san-ha-da
wisselgeld teruggeven	거스름돈을 주다	geo-seu-reum-do-neul ju-da
fooi (de)	팁	tip

Familie, verwanten en vrienden

45. Persoonlijke informatie. Formulieren

naam (de)	이름	i-reum
achternaam (de)	성	seong
geboortedatum (de)	생년월일	saeng-nyeon-wo-ril
geboorteplaats (de)	탄생지	tan-saeng-ji
nationaliteit (de)	국적	guk-jeok
woonplaats (de)	거소	geo-so
land (het)	나라	na-ra
beroep (het)	직업	ji-geop
geslacht (ov. het vrouwelijk ~)	성별	seong-byeol
lengte (de)	키	ki
gewicht (het)	몸무게	mom-mu-ge

46. Familieleden. Verwanten

moeder (de)	어머니	eo-meo-ni
vader (de)	아버지	a-beo-ji
zoon (de)	아들	a-deul
dochter (de)	딸	ttal
jongste dochter (de)	작은딸	ja-geun-ttal
jongste zoon (de)	작은아들	ja-geun-a-deul
oudste dochter (de)	맏딸	mat-ttal
oudste zoon (de)	맏아들	ma-da-deul
broer (de)	형제	hyeong-je
zuster (de)	자매	ja-mae
neef (zoon van oom, tante)	사촌 형제	sa-chon hyeong-je
nicht (dochter van oom, tante)	사촌 자매	sa-chon ja-mae
mama (de)	엄마	eom-ma
papa (de)	아빠	a-ppa
ouders (mv.)	부모	bu-mo
kind (het)	아이, 아동	a-i, a-dong
kinderen (mv.)	아이들	a-i-deul
oma (de)	할머니	hal-meo-ni
opa (de)	할아버지	ha-ra-beo-ji
kleinzoon (de)	손자	son-ja
kleindochter (de)	손녀	son-nyeo
kleinkinderen (mv.)	손자들	son-ja-deul

oom (de)	삼촌	sam-chon
neef (zoon van broer, zus)	조카	jo-ka
nicht (dochter van broer ,zus)	조카딸	jo-ka-ttal
schoonmoeder (de)	장모	jang-mo
schoonvader (de)	시아버지	si-a-beo-ji
schoonzoon (de)	사위	sa-wi
stiefmoeder (de)	계모	gye-mo
stiefvader (de)	계부	gye-bu
zuigeling (de)	영아	yeong-a
wiegenkind (het)	아기	a-gi
kleuter (de)	꼬마	kko-ma
vrouw (de)	아내	a-nae
man (de)	남편	nam-pyeon
echtgenoot (de)	배우자	bae-u-ja
echtgenote (de)	배우자	bae-u-ja
gehuwd (mann.)	결혼한	gyeol-hon-han
gehuwd (vrouw.)	결혼한	gyeol-hon-han
ongehuwd (mann.)	미혼의	mi-hon-ui
vrijgezel (de)	미혼 남자	mi-hon nam-ja
gescheiden (bn)	이혼한	i-hon-han
weduwe (de)	과부	gwa-bu
weduwnaar (de)	홀아비	ho-ra-bi
familielid (het)	친척	chin-cheok
dichte familielid (het)	가까운 친척	ga-kka-un chin-cheok
verre familielid (het)	먼 친척	meon chin-cheok
familieleden (mv.)	친척들	chin-cheok-deul
wees (de), weeskind (het)	고아	go-a
voogd (de)	후견인	hu-gyeon-in
adopteren (een jongen te ~)	입양하다	i-byang-ha-da
adopteren (een meisje te ~)	입양하다	i-byang-ha-da

Geneeskunde

47. Ziekten

ziekte (de)	병	byeong
ziek zijn (ww)	눕다	nup-da
gezondheid (de)	건강	geon-gang

snotneus (de)	비염	bi-yeom
angina (de)	편도염	pyeon-do-yeom
verkoudheid (de)	감기	gam-gi
verkouden raken (ww)	감기에 걸리다	gam-gi-e geol-li-da

bronchitis (de)	기관지염	gi-gwan-ji-yeom
longontsteking (de)	폐렴	pye-ryeom
griep (de)	독감	dok-gam

bijziend (bn)	근시의	geun-si-ui
verziend (bn)	원시의	won-si-ui
scheelheid (de)	사시	sa-si
scheel (bn)	사시인	sa-si-in
grauwe staar (de)	백내장	baeng-nae-jang
glaucoom (het)	녹내장	nong-nae-jang

beroerte (de)	뇌졸중	noe-jol-jung
hartinfarct (het)	심장마비	sim-jang-ma-bi
myocardiaal infarct (het)	심근경색증	sim-geun-gyeong-saek-jeung
verlamming (de)	마비	ma-bi
verlammen (ww)	마비되다	ma-bi-doe-da

allergie (de)	알레르기	al-le-reu-gi
astma (de/het)	천식	cheon-sik
diabetes (de)	당뇨병	dang-nyo-byeong

tandpijn (de)	치통, 이앓이	chi-tong, i-a-ri
tandbederf (het)	충치	chung-chi

diarree (de)	설사	seol-sa
constipatie (de)	변비증	byeon-bi-jeung
maagstoornis (de)	배탈	bae-tal
voedselvergiftiging (de)	식중독	sik-jung-dok
voedselvergiftiging oplopen	식중독에 걸리다	sik-jung-do-ge geol-li-da

artritis (de)	관절염	gwan-jeo-ryeom
rachitis (de)	구루병	gu-ru-byeong
reuma (het)	류머티즘	ryu-meo-ti-jeum

gastritis (de)	위염	wi-yeom
blindedarmontsteking (de)	맹장염	maeng-jang-yeom
galblaasontsteking (de)	담낭염	dam-nang-yeom

zweer (de)	궤양	gwe-yang
mazelen (mv.)	홍역	hong-yeok
rodehond (de)	풍진	pung-jin
geelzucht (de)	황달	hwang-dal
leverontsteking (de)	간염	gan-nyeom
schizofrenie (de)	정신 분열증	jeong-sin bu-nyeol-jeung
dolheid (de)	광견병	gwang-gyeon-byeong
neurose (de)	신경증	sin-gyeong-jeung
hersenschudding (de)	뇌진탕	noe-jin-tang
kanker (de)	암	am
sclerose (de)	경화증	gyeong-hwa-jeung
multiple sclerose (de)	다발성 경화증	da-bal-seong gyeong-hwa-jeung
alcoholisme (het)	알코올 중독	al-ko-ol jung-dok
alcoholicus (de)	알코올 중독자	al-ko-ol jung-dok-ja
syfilis (de)	매독	mae-dok
AIDS (de)	에이즈	e-i-jeu
tumor (de)	종양	jong-yang
kwaadaardig (bn)	악성의	ak-seong-ui
goedaardig (bn)	양성의	yang-seong-ui
koorts (de)	열병	yeol-byeong
malaria (de)	말라리아	mal-la-ri-a
gangreen (het)	피저	goe-jeo
zeeziekte (de)	뱃멀미	baen-meol-mi
epilepsie (de)	간질	gan-jil
epidemie (de)	유행병	yu-haeng-byeong
tyfus (de)	발진티푸스	bal-jin-ti-pu-seu
tuberculose (de)	결핵	gyeol-haek
cholera (de)	콜레라	kol-le-ra
pest (de)	페스트	pe-seu-teu

48. Symptomen. Behandelingen. Deel 1

symptoom (het)	증상	jeung-sang
temperatuur (de)	체온	che-on
verhoogde temperatuur (de)	열	yeol
polsslag (de)	맥박	maek-bak
duizeling (de)	현기증	hyeon-gi-jeung
heet (erg warm)	뜨거운	tteu-geo-un
koude rillingen (mv.)	전율	jeo-nyul
bleek (bn)	창백한	chang-baek-an
hoest (de)	기침	gi-chim
hoesten (ww)	기침을 하다	gi-chi-meul ha-da
niezen (ww)	재채기하다	jae-chae-gi-ha-da
flauwte (de)	실신	sil-sin
flauwvallen (ww)	실신하다	sil-sin-ha-da

blauwe plek (de)	멍	meong
buil (de)	혹	hok
zich stoten (ww)	부딪치다	bu-dit-chi-da
kneuzing (de)	타박상	ta-bak-sang
kneuzen (gekneusd zijn)	타박상을 입다	ta-bak-sang-eul rip-da

hinken (ww)	절다	jeol-da
verstuiking (de)	탈구	tal-gu
verstuiken (enkel, enz.)	탈구하다	tal-gu-ha-da
breuk (de)	골절	gol-jeol
een breuk oplopen	골절하다	gol-jeol-ha-da

snijwond (de)	베인	be-in
zich snijden (ww)	베다	jeol-chang-eul rip-da
bloeding (de)	출혈	chul-hyeol

| brandwond (de) | 화상 | hwa-sang |
| zich branden (ww) | 데다 | de-da |

prikken (ww)	찌르다	jji-reu-da
zich prikken (ww)	찔리다	jjil-li-da
blesseren (ww)	다치다	da-chi-da
blessure (letsel)	부상	bu-sang
wond (de)	부상	bu-sang
trauma (het)	정신적 외상	jeong-sin-jeok goe-sang

IJlen (ww)	망상을 겪다	mang-sang-eul gyeok-da
stotteren (ww)	말을 더듬다	ma-reul deo-deum-da
zonnesteek (de)	일사병	il-sa-byeong

49. Symptomen. Behandelingen. Deel 2

| pijn (de) | 통증 | tong-jeung |
| splinter (de) | 가시 | ga-si |

zweet (het)	땀	ttam
zweten (ww)	땀이 나다	ttam-i na-da
braking (de)	구토	gu-to
stuiptrekkingen (mv.)	경련	gyeong-nyeon

zwanger (bn)	임신한	im-sin-han
geboren worden (ww)	태어나다	tae-eo-na-da
geboorte (de)	출산	chul-san
baren (ww)	낳다	na-ta
abortus (de)	낙태	nak-tae

ademhaling (de)	호흡	ho-heup
inademing (de)	들숨	deul-sum
uitademing (de)	날숨	nal-sum
uitademen (ww)	내쉬다	nae-swi-da
inademen (ww)	들이쉬다	deu-ri-swi-da

| invalide (de) | 장애인 | jang-ae-in |
| gehandicapte (de) | 병신 | byeong-sin |

drugsverslaafde (de)	마약 중독자	ma-yak jung-dok-ja
doof (bn)	귀가 먼	gwi-ga meon
stom (bn)	벙어리인	beong-eo-ri-in
doofstom (bn)	농아인	nong-a-in
krankzinnig (bn)	미친	mi-chin
krankzinnige (man)	광인	gwang-in
krankzinnige (vrouw)	광인	gwang-in
krankzinnig worden	미치다	mi-chi-da
gen (het)	유전자	yu-jeon-ja
immuniteit (de)	면역성	myeo-nyeok-seong
erfelijk (bn)	유전의	yu-jeon-ui
aangeboren (bn)	선천적인	seon-cheon-jeo-gin
virus (het)	바이러스	ba-i-reo-seu
microbe (de)	미생물	mi-saeng-mul
bacterie (de)	세균	se-gyun
infectie (de)	감염	gam-nyeom

50. Symptomen. Behandelingen. Deel 3

ziekenhuis (het)	병원	byeong-won
patiënt (de)	환자	hwan-ja
diagnose (de)	진단	jin-dan
genezing (de)	치료	chi-ryo
onder behandeling zijn	치료를 받다	chi-ryo-reul bat-da
behandelen (ww)	치료하다	chi-ryo-ha-da
zorgen (zieken ~)	간호하다	gan-ho-ha-da
ziekenzorg (de)	간호	gan-ho
operatie (de)	수술	su-sul
verbinden (een arm ~)	붕대를 감다	bung-dae-reul gam-da
verband (het)	붕대	bung-dae
vaccin (het)	예방주사	ye-bang-ju-sa
inenten (vaccineren)	접종하다	jeop-jong-ha-da
injectie (de)	주사	ju-sa
een injectie geven	주사하다	ju-sa-ha-da
amputatie (de)	절단	jeol-dan
amputeren (ww)	절단하다	jeol-dan-ha-da
coma (het)	혼수 상태	hon-su sang-tae
in coma liggen	혼수 상태에 있다	hon-su sang-tae-e it-da
intensieve zorg, ICU (de)	집중 치료	jip-jung chi-ryo
zich herstellen (ww)	회복하다	hoe-bok-a-da
toestand (de)	상태	sang-tae
bewustzijn (het)	의식	ui-sik
geheugen (het)	기억	gi-eok
trekken (een kies ~)	빼다	ppae-da
vulling (de)	충전물	chung-jeon-mul

vullen (ww)	때우다	ttae-u-da
hypnose (de)	최면	choe-myeon
hypnotiseren (ww)	최면을 걸다	choe-myeo-neul geol-da

51. Artsen

dokter, arts (de)	의사	ui-sa
ziekenzuster (de)	간호사	gan-ho-sa
lijfarts (de)	개인 의사	gae-in ui-sa

tandarts (de)	치과 의사	chi-gwa ui-sa
oogarts (de)	안과 의사	an-gwa ui-sa
therapeut (de)	내과 의사	nae-gwa ui-sa
chirurg (de)	외과 의사	oe-gwa ui-sa

psychiater (de)	정신과 의사	jeong-sin-gwa ui-sa
pediater (de)	소아과 의사	so-a-gwa ui-sa
psycholoog (de)	심리학자	sim-ni-hak-ja
gynaecoloog (de)	부인과 의사	bu-in-gwa ui-sa
cardioloog (de)	심장병 전문의	sim-jang-byeong jeon-mun-ui

52. Geneeskunde. Medicijnen. Accessoires

geneesmiddel (het)	약	yak
middel (het)	약제	yak-je
recept (het)	처방	cheo-bang

tablet (de/het)	정제	jeong-je
zalf (de)	연고	yeon-go
ampul (de)	앰플	aem-pul
drank (de)	혼합물	hon-ham-mul
siroop (de)	물약	mul-lyak
pil (de)	알약	a-ryak
poeder (de/het)	가루약	ga-ru-yak

verband (het)	거즈 붕대	geo-jeu bung-dae
watten (mv.)	솜	som
jodium (het)	요오드	yo-o-deu

pleister (de)	반창고	ban-chang-go
pipet (de)	점안기	jeom-an-gi
thermometer (de)	체온계	che-on-gye
spuit (de)	주사기	ju-sa-gi

| rolstoel (de) | 휠체어 | hwil-che-eo |
| krukken (mv.) | 목발 | mok-bal |

pijnstiller (de)	진통제	jin-tong-je
laxeermiddel (het)	완하제	wan-ha-je
spiritus (de)	알코올	al-ko-ol
medicinale kruiden (mv.)	약초	yak-cho
kruiden- (abn)	약초의	yak-cho-ui

HET MENSELIJKE LEEFGEBIED

Stad

53. Stad. Het leven in de stad

stad (de)	도시	do-si
hoofdstad (de)	수도	su-do
dorp (het)	마을	ma-eul
plattegrond (de)	도시 지도	do-si ji-do
centrum (ov. een stad)	시내	si-nae
voorstad (de)	근교	geun-gyo
voorstads- (abn)	근교의	geun-gyo-ui
omgeving (de)	주변	ju-byeon
blok (huizenblok)	한 구획	han gu-hoek
woonwijk (de)	동	dong
verkeer (het)	교통	gyo-tong
verkeerslicht (het)	신호등	sin-ho-deung
openbaar vervoer (het)	대중교통	dae-jung-gyo-tong
kruispunt (het)	교차로	gyo-cha-ro
zebrapad (oversteekplaats)	횡단 보도	hoeng-dan bo-do
onderdoorgang (de)	지하 보도	ji-ha bo-do
oversteken (de straat ~)	건너가다	geon-neo-ga-da
voetganger (de)	보행자	bo-haeng-ja
trottoir (het)	인도	in-do
brug (de)	다리	da-ri
dijk (de)	강변로	gang-byeon-no
allee (de)	길	gil
park (het)	공원	gong-won
boulevard (de)	대로	dae-ro
plein (het)	광장	gwang-jang
laan (de)	가로	ga-ro
straat (de)	거리	geo-ri
zijstraat (de)	골목	gol-mok
doodlopende straat (de)	막다른길	mak-da-reun-gil
huis (het)	집	jip
gebouw (het)	빌딩	bil-ding
wolkenkrabber (de)	고층 건물	go-cheung geon-mul
gevel (de)	전면	jeon-myeon
dak (het)	지붕	ji-bung
venster (het)	창문	chang-mun

boog (de)	아치	a-chi
pilaar (de)	기둥	gi-dung
hoek (ov. een gebouw)	모퉁이	mo-tung-i
vitrine (de)	쇼윈도우	syo-win-do-u
gevelreclame (de)	간판	gan-pan
affiche (de/het)	포스터	po-seu-teo
reclameposter (de)	광고 포스터	gwang-go po-seu-teo
aanplakbord (het)	광고판	gwang-go-pan
vuilnis (de/het)	쓰레기	sseu-re-gi
vuilnisbak (de)	쓰레기통	sseu-re-gi-tong
stortplaats (de)	쓰레기장	sseu-re-gi-jang
telefooncel (de)	공중 전화	gong-jung jeon-hwa
straatlicht (het)	가로등	ga-ro-deung
bank (de)	벤치	ben-chi
politieagent (de)	경찰관	gyeong-chal-gwan
politie (de)	경찰	gyeong-chal
zwerver (de)	거지	geo-ji
dakloze (de)	노숙자	no-suk-ja

54. Stedelijke instellingen

winkel (de)	가게, 상점	ga-ge, sang-jeom
apotheek (de)	약국	yak-guk
optiek (de)	안경 가게	an-gyeong ga-ge
winkelcentrum (het)	쇼핑몰	syo-ping-mol
supermarkt (de)	슈퍼마켓	syu-peo-ma-ket
bakkerij (de)	빵집	ppang-jip
bakker (de)	제빵사	je-ppang-sa
banketbakkerij (de)	제과점	je-gwa-jeom
kruidenier (de)	식료품점	sing-nyo-pum-jeom
slagerij (de)	정육점	jeong-yuk-jeom
groentewinkel (de)	야채 가게	ya-chae ga-ge
markt (de)	시장	si-jang
koffiehuis (het)	커피숍	keo-pi-syop
restaurant (het)	레스토랑	re-seu-to-rang
bar (de)	바	ba
pizzeria (de)	피자 가게	pi-ja ga-ge
kapperssalon (de/het)	미장원	mi-jang-won
postkantoor (het)	우체국	u-che-guk
stomerij (de)	드라이 클리닝	deu-ra-i keul-li-ning
fotostudio (de)	사진관	sa-jin-gwan
schoenwinkel (de)	신발 가게	sin-bal ga-ge
boekhandel (de)	서점	seo-jeom
sportwinkel (de)	스포츠용품 매장	seu-po-cheu-yong-pum mae-jang

kledingreparatie (de)	옷 수선 가게	ot su-seon ga-ge
kledingverhuur (de)	의류 임대	ui-ryu im-dae
videotheek (de)	비디오 대여	bi-di-o dae-yeo
circus (de/het)	서커스	seo-keo-seu
dierentuin (de)	동물원	dong-mu-rwon
bioscoop (de)	영화관	yeong-hwa-gwan
museum (het)	박물관	bang-mul-gwan
bibliotheek (de)	도서관	do-seo-gwan
theater (het)	극장	geuk-jang
opera (de)	오페라극장	o-pe-ra-geuk-jang
nachtclub (de)	나이트 클럽	na-i-teu keul-leop
casino (het)	카지노	ka-ji-no
moskee (de)	모스크	mo-seu-keu
synagoge (de)	유대교 회당	yu-dae-gyo hoe-dang
kathedraal (de)	대성당	dae-seong-dang
tempel (de)	사원, 신전	sa-won, sin-jeon
kerk (de)	교회	gyo-hoe
instituut (het)	단과대학	dan-gwa-dae-hak
universiteit (de)	대학교	dae-hak-gyo
school (de)	학교	hak-gyo
gemeentehuis (het)	도, 현	do, hyeon
stadhuis (het)	시청	si-cheong
hotel (het)	호텔	ho-tel
bank (de)	은행	eun-haeng
ambassade (de)	대사관	dae-sa-gwan
reisbureau (het)	여행사	yeo-haeng-sa
informatieloket (het)	안내소	an-nae-so
wisselkantoor (het)	환전소	hwan-jeon-so
metro (de)	지하철	ji-ha-cheol
ziekenhuis (het)	병원	byeong-won
benzinestation (het)	주유소	ju-yu-so
parking (de)	주차장	ju-cha-jang

55. Borden

gevelreclame (de)	간판	gan-pan
opschrift (het)	안내문	an-nae-mun
poster (de)	포스터	po-seu-teo
wegwijzer (de)	방향표시	bang-hyang-pyo-si
pijl (de)	화살표	hwa-sal-pyo
waarschuwing (verwittiging)	경고	gyeong-go
waarschuwingsbord (het)	경고판	gyeong-go-pan
waarschuwen (ww)	경고하다	gyeong-go-ha-da
vrije dag (de)	휴일	hyu-il
dienstregeling (de)	시간표	si-gan-pyo

openingsuren (mv.)	영업 시간	yeong-eop si-gan
WELKOM!	어서 오세요!	eo-seo o-se-yo!
INGANG	입구	ip-gu
UITGANG	출구	chul-gu
DUWEN	미세요	mi-se-yo
TREKKEN	당기세요	dang-gi-se-yo
OPEN	열림	yeol-lim
GESLOTEN	닫힘	da-chim
DAMES	여성전용	yeo-seong-jeo-nyong
HEREN	남성	nam-seong-jeo-nyong
KORTING	할인	ha-rin
UITVERKOOP	세일	se-il
NIEUW!	신상품	sin-sang-pum
GRATIS	공짜	gong-jja
PAS OP!	주의!	ju-ui!
VOLGEBOEKT	빈 방 없음	bin bang eop-seum
GERESERVEERD	예약석	ye-yak-seok
ADMINISTRATIE	관리부	gwal-li-bu
ALLEEN VOOR PERSONEEL	직원 전용	ji-gwon jeo-nyong
GEVAARLIJKE HOND	개조심	gae-jo-sim
VERBODEN TE ROKEN!	금연	geu-myeon
NIET AANRAKEN!	손 대지 마시오!	son dae-ji ma-si-o!
GEVAARLIJK	위험	wi-heom
GEVAAR	위험	wi-heom
HOOGSPANNING	고전압	go-jeon-ap
VERBODEN TE ZWEMMEN	수영 금지	su-yeong geum-ji
BUITEN GEBRUIK	수리중	su-ri-jung
ONTVLAMBAAR	가연성 물자	ga-yeon-seong mul-ja
VERBODEN	금지	geum-ji
DOORGANG VERBODEN	출입 금지	chu-rip geum-ji
OPGELET PAS GEVERFD	칠 주의	chil ju-ui

56. Stedelijk vervoer

bus, autobus (de)	버스	beo-seu
tram (de)	전차	jeon-cha
trolleybus (de)	트롤리 버스	teu-rol-li beo-seu
route (de)	노선	no-seon
nummer (busnummer, enz.)	번호	beon-ho
rijden met ...	... 타고 가다	... ta-go ga-da
stappen (in de bus ~)	타다	ta-da
afstappen (ww)	... 에서 내리다	... e-seo nae-ri-da
halte (de)	정류장	jeong-nyu-jang
volgende halte (de)	다음 정류장	da-eum jeong-nyu-jang

eindpunt (het)	종점	jong-jeom
dienstregeling (de)	시간표	si-gan-pyo
wachten (ww)	기다리다	gi-da-ri-da
kaartje (het)	표	pyo
reiskosten (de)	요금	yo-geum
kassier (de)	계산원	gye-san-won
kaartcontrole (de)	검표	geom-pyo
controleur (de)	검표원	geom-pyo-won
te laat zijn (ww)	... 시간에 늦다	... si-gan-e neut-da
missen (de bus ~)	놓치다	no-chi-da
zich haasten (ww)	서두르다	seo-du-reu-da
taxi (de)	택시	taek-si
taxichauffeur (de)	택시 운전 기사	taek-si un-jeon gi-sa
met de taxi (bw)	택시로	taek-si-ro
taxistandplaats (de)	택시 정류장	taek-si jeong-nyu-jang
een taxi bestellen	택시를 부르다	taek-si-reul bu-reu-da
een taxi nemen	택시를 타다	taek-si-reul ta-da
verkeer (het)	교통	gyo-tong
file (de)	교통 체증	gyo-tong che-jeung
spitsuur (het)	러시 아워	reo-si a-wo
parkeren (on.ww.)	주차하다	ju-cha-ha-da
parkeren (ov.ww.)	주차하다	ju-cha-ha-da
parking (de)	주차장	ju-cha-jang
metro (de)	지하철	ji-ha-cheol
halte (bijv. kleine treinhalte)	역	yeok
de metro nemen	지하철을 타다	ji-ha-cheo-reul ta-da
trein (de)	기차	gi-cha
station (treinstation)	기차역	gi-cha-yeok

57. Bezienswaardigheden

monument (het)	기념비	gi-nyeom-bi
vesting (de)	요새	yo-sae
paleis (het)	궁전	gung-jeon
kasteel (het)	성	seong
toren (de)	탑	tap
mausoleum (het)	영묘	yeong-myo
architectuur (de)	건축	geon-chuk
middeleeuws (bn)	중세의	jung-se-ui
oud (bn)	고대의	go-dae-ui
nationaal (bn)	국가의	guk-ga-ui
bekend (bn)	유명한	yu-myeong-han
toerist (de)	관광객	gwan-gwang-gaek
gids (de)	가이드	ga-i-deu
rondleiding (de)	견학, 관광	gyeon-hak, gwan-gwang
tonen (ww)	보여주다	bo-yeo-ju-da

vertellen (ww)	이야기하다	i-ya-gi-ha-da
vinden (ww)	찾다	chat-da
verdwalen (de weg kwijt zijn)	길을 잃다	gi-reul ril-ta
plattegrond (~ van de metro)	노선도	no-seon-do
plattegrond (~ van de stad)	지도	ji-do
souvenir (het)	기념품	gi-nyeom-pum
souvenirwinkel (de)	기념품 가게	gi-nyeom-pum ga-ge
een foto maken (ww)	사진을 찍다	sa-ji-neul jjik-da
zich laten fotograferen	사진을 찍다	sa-ji-neul jjik-da

58. Winkelen

kopen (ww)	사다	sa-da
aankoop (de)	구매	gu-mae
winkelen (ww)	쇼핑하다	syo-ping-ha-da
winkelen (het)	쇼핑	syo-ping
open zijn (ov. een winkel, enz.)	열리다	yeol-li-da
gesloten zijn (ww)	닫다	dat-da
schoeisel (het)	신발	sin-bal
kleren (mv.)	옷	ot
cosmetica (de)	화장품	hwa-jang-pum
voedingswaren (mv.)	식품	sik-pum
geschenk (het)	선물	seon-mul
verkoper (de)	판매원	pan-mae-won
verkoopster (de)	여판매원	yeo-pan-mae-won
kassa (de)	계산대	gye-san-dae
spiegel (de)	거울	geo-ul
toonbank (de)	계산대	gye-san-dae
paskamer (de)	탈의실	ta-rui-sil
aanpassen (ww)	입어보다	i-beo-bo-da
passen (ov. kleren)	어울리다	eo-ul-li-da
bevallen (prettig vinden)	좋아하다	jo-a-ha-da
prijs (de)	가격	ga-gyeok
prijskaartje (het)	가격표	ga-gyeok-pyo
kosten (ww)	값이 … 이다	gap-si … i-da
Hoeveel?	얼마?	eol-ma?
korting (de)	할인	ha-rin
niet duur (bn)	비싸지 않은	bi-ssa-ji a-neun
goedkoop (bn)	싼	ssan
duur (bn)	비싼	bi-ssan
Dat is duur.	비쌉니다	bi-ssam-ni-da
verhuur (de)	임대	im-dae
huren (smoking, enz.)	빌리다	bil-li-da
krediet (het)	신용	si-nyong
op krediet (bw)	신용으로	si-nyong-eu-ro

59. Geld

geld (het)	돈	don
ruil (de)	환전	hwan-jeon
koers (de)	환율	hwa-nyul
geldautomaat (de)	현금 자동 지급기	hyeon-geum ja-dong ji-geup-gi
muntstuk (de)	동전	dong-jeon
dollar (de)	달러	dal-leo
euro (de)	유로	yu-ro
lire (de)	리라	ri-ra
Duitse mark (de)	마르크	ma-reu-keu
frank (de)	프랑	peu-rang
pond sterling (het)	파운드	pa-un-deu
yen (de)	엔	en
schuld (geldbedrag)	빚	bit
schuldenaar (de)	채무자	chae-mu-ja
uitlenen (ww)	빌려주다	bil-lyeo-ju-da
lenen (geld ~)	빌리다	bil-li-da
bank (de)	은행	eun-haeng
bankrekening (de)	계좌	gye-jwa
op rekening storten	계좌에 입금하다	ip-geum-ha-da
opnemen (ww)	출금하다	chul-geum-ha-da
kredietkaart (de)	신용 카드	si-nyong ka-deu
baar geld (het)	현금	hyeon-geum
cheque (de)	수표	su-pyo
een cheque uitschrijven	수표를 끊다	su-pyo-reul kkeun-ta
chequeboekje (het)	수표책	su-pyo-chaek
portefeuille (de)	지갑	ji-gap
geldbeugel (de)	동전지갑	dong-jeon-ji-gap
safe (de)	금고	geum-go
erfgenaam (de)	상속인	sang-so-gin
erfenis (de)	유산	yu-san
fortuin (het)	재산, 큰돈	jae-san, keun-don
huur (de)	임대	im-dae
huurprijs (de)	집세	jip-se
huren (huis, kamer)	임대하다	im-dae-ha-da
prijs (de)	가격	ga-gyeok
kostprijs (de)	비용	bi-yong
som (de)	액수	aek-su
uitgeven (geld besteden)	쓰다	sseu-da
kosten (mv.)	출비를	chul-bi-reul
bezuinigen (ww)	절약하다	jeo-ryak-a-da
zuinig (bn)	경제적인	gyeong-je-jeo-gin
betalen (ww)	지불하다	ji-bul-ha-da

betaling (de)	지불	ji-bul
wisselgeld (het)	거스름돈	geo-seu-reum-don
belasting (de)	세금	se-geum
boete (de)	벌금	beol-geum
beboeten (bekeuren)	벌금을 부과하다	beol-geu-meul bu-gwa-ha-da

60. Post. Postkantoor

postkantoor (het)	우체국	u-che-guk
post (de)	우편물	u-pyeon-mul
postbode (de)	우체부	u-che-bu
openingsuren (mv.)	영업 시간	yeong-eop si-gan
brief (de)	편지	pyeon-ji
aangetekende brief (de)	등기 우편	deung-gi u-pyeon
briefkaart (de)	엽서	yeop-seo
telegram (het)	전보	jeon-bo
postpakket (het)	소포	so-po
overschrijving (de)	송금	song-geum
ontvangen (ww)	받다	bat-da
sturen (zenden)	보내다	bo-nae-da
verzending (de)	발송	bal-song
adres (het)	주소	ju-so
postcode (de)	우편 번호	u-pyeon beon-ho
verzender (de)	발송인	bal-song-in
ontvanger (de)	수신인	su-sin-in
naam (de)	이름	i-reum
achternaam (de)	성	seong
tarief (het)	요금	yo-geum
standaard (bn)	일반의	il-ba-nui
zuinig (bn)	경제적인	gyeong-je-jeo-gin
gewicht (het)	무게	mu-ge
afwegen (op de weegschaal)	무게를 달다	mu-ge-reul dal-da
envelop (de)	봉투	bong-tu
postzegel (de)	우표	u-pyo

Woning. Huis. Thuis

61. Huis. Elektriciteit

elektriciteit (de)	전기	jeon-gi
lamp (de)	전구	jeon-gu
schakelaar (de)	스위치	seu-wi-chi
zekering (de)	퓨즈	pyu-jeu
draad (de)	전선	jeon-seon
bedrading (de)	배선	bae-seon
elektriciteitsmeter (de)	전기 계량기	jeon-gi gye-ryang-gi
gegevens (mv.)	판독값	pan-dok-gap

62. Villa. Herenhuis

landhuisje (het)	시외 주택	si-oe ju-taek
villa (de)	별장	byeol-jang
vleugel (de)	동	dong
tuin (de)	정원	jeong-won
park (het)	공원	gong-won
oranjerie (de)	열대온실	yeol-dae-on-sil
onderhouden (tuin, enz.)	... 을 말다	... eul mat-da
zwembad (het)	수영장	su-yeong-jang
gym (het)	헬스장	hel-seu-jang
tennisveld (het)	테니스장	te-ni-seu-jang
bioscoopkamer (de)	홈씨어터	hom-ssi-eo-teo
garage (de)	차고	cha-go
privé-eigendom (het)	개인 소유물	gae-in so-yu-mul
eigen terrein (het)	사유 토지	sa-yu to-ji
waarschuwing (de)	경고	gyeong-go
waarschuwingsbord (het)	경고판	gyeong-go-pan
bewaking (de)	보안	bo-an
bewaker (de)	보안요원	bo-a-nyo-won
inbraakalarm (het)	도난 경보기	do-nan gyeong-bo-gi

63. Appartement

appartement (het)	아파트	a-pa-teu
kamer (de)	방	bang
slaapkamer (de)	침실	chim-sil

eetkamer (de)	식당	sik-dang
salon (de)	거실	geo-sil
studeerkamer (de)	서재	seo-jae
gang (de)	곁방	gyeot-bang
badkamer (de)	욕실	yok-sil
toilet (het)	화장실	hwa-jang-sil
plafond (het)	천장	cheon-jang
vloer (de)	마루	ma-ru
hoek (de)	구석	gu-seok

64. Meubels. Interieur

meubels (mv.)	가구	ga-gu
tafel (de)	식탁, 테이블	sik-tak, te-i-beul
stoel (de)	의자	ui-ja
bed (het)	침대	chim-dae
bankstel (het)	소파	so-pa
fauteuil (de)	안락 의자	al-lak gui-ja
boekenkast (de)	책장	chaek-jang
boekenrek (het)	책꽂이	chaek-kko-ji
kledingkast (de)	옷장	ot-jang
kapstok (de)	옷걸이	ot-geo-ri
staande kapstok (de)	스탠드옷걸이	seu-taen-deu-ot-geo-ri
commode (de)	서랍장	seo-rap-jang
salontafeltje (het)	커피 테이블	keo-pi te-i-beul
spiegel (de)	거울	geo-ul
tapijt (het)	양탄자	yang-tan-ja
tapijtje (het)	러그	reo-geu
haard (de)	벽난로	byeong-nan-no
kaars (de)	초	cho
kandelaar (de)	촛대	chot-dae
gordijnen (mv.)	커튼	keo-teun
behang (het)	벽지	byeok-ji
jaloezie (de)	블라인드	beul-la-in-deu
bureaulamp (de)	테이블 램프	deung
wandlamp (de)	벽등	byeok-deung
staande lamp (de)	플로어 스탠드	peul-lo-eo seu-taen-deu
luchter (de)	샹들리에	syang-deul-li-e
poot (ov. een tafel, enz.)	다리	da-ri
armleuning (de)	팔걸이	pal-geo-ri
rugleuning (de)	등받이	deung-ba-ji
la (de)	서랍	seo-rap

65. Beddengoed

beddengoed (het)	침구	chim-gu
kussen (het)	베개	be-gae
kussenovertrek (de)	베갯잇	be-gaen-nit
deken (de)	이불	i-bul
laken (het)	시트	si-teu
sprei (de)	침대보	chim-dae-bo

66. Keuken

keuken (de)	부엌	bu-eok
gas (het)	가스	ga-seu
gasfornuis (het)	가스 레인지	ga-seu re-in-ji
elektrisch fornuis (het)	전기 레인지	jeon-gi re-in-ji
oven (de)	오븐	o-beun
magnetronoven (de)	전자 레인지	jeon-ja re-in-ji
koelkast (de)	냉장고	naeng-jang-go
diepvriezer (de)	냉동고	naeng-dong-go
vaatwasmachine (de)	식기 세척기	sik-gi se-cheok-gi
vleesmolen (de)	고기 분쇄기	go-gi bun-swae-gi
vruchtenpers (de)	과즙기	gwa-jeup-gi
toaster (de)	토스터	to-seu-teo
mixer (de)	믹서기	mik-seo-gi
koffiemachine (de)	커피 메이커	keo-pi me-i-keo
koffiepot (de)	커피 주전자	keo-pi ju-jeon-ja
koffiemolen (de)	커피 그라인더	keo-pi geu-ra-in-deo
fluitketel (de)	주전자	ju-jeon-ja
theepot (de)	티팟	ti-pat
deksel (de/het)	뚜껑	ttu-kkeong
theezeefje (het)	차거름망	cha-geo-reum-mang
lepel (de)	숟가락	sut-ga-rak
theelepeltje (het)	티스푼	ti-seu-pun
eetlepel (de)	숟가락	sut-ga-rak
vork (de)	포크	po-keu
mes (het)	칼	kal
vaatwerk (het)	식기	sik-gi
bord (het)	접시	jeop-si
schoteltje (het)	받침 접시	bat-chim jeop-si
likeurglas (het)	소주잔	so-ju-jan
glas (het)	유리잔	yu-ri-jan
kopje (het)	컵	keop
suikerpot (de)	설탕그릇	seol-tang-geu-reut
zoutvat (het)	소금통	so-geum-tong
pepervat (het)	후추통	hu-chu-tong

boterschaaltje (het)	버터 접시	beo-teo jeop-si
steelpan (de)	냄비	naem-bi
bakpan (de)	프라이팬	peu-ra-i-paen
pollepel (de)	국자	guk-ja
vergiet (de/het)	체	che
dienblad (het)	쟁반	jaeng-ban
fles (de)	병	byeong
glazen pot (de)	유리병	yu-ri-byeong
blik (conserven~)	캔, 깡통	kaen, kkang-tong
flesopener (de)	병따개	byeong-tta-gae
blikopener (de)	깡통 따개	kkang-tong tta-gae
kurkentrekker (de)	코르크 마개 뽑이	ko-reu-keu ma-gae ppo-bi
filter (de/het)	필터	pil-teo
filteren (ww)	여과하다	yeo-gwa-ha-da
huisvuil (het)	쓰레기	sseu-re-gi
vuilnisemmer (de)	쓰레기통	sseu-re-gi-tong

67. Badkamer

badkamer (de)	욕실	yok-sil
water (het)	물	mul
kraan (de)	수도꼭지	su-do-kkok-ji
warm water (het)	온수	on-su
koud water (het)	냉수	naeng-su
tandpasta (de)	치약	chi-yak
tanden poetsen (ww)	이를 닦다	i-reul dak-da
zich scheren (ww)	깎다	kkak-da
scheercrème (de)	면도 크림	myeon-do keu-rim
scheermes (het)	면도기	myeon-do-gi
wassen (ww)	씻다	ssit-da
een bad nemen	목욕하다	mo-gyok-a-da
douche (de)	샤워	sya-wo
een douche nemen	샤워하다	sya-wo-ha-da
bad (het)	욕조	yok-jo
toiletpot (de)	변기	byeon-gi
wastafel (de)	세면대	se-myeon-dae
zeep (de)	비누	bi-nu
zeepbakje (het)	비누 그릇	bi-nu geu-reut
spons (de)	스펀지	seu-peon-ji
shampoo (de)	샴푸	syam-pu
handdoek (de)	수건	su-geon
badjas (de)	목욕가운	mo-gyok-ga-un
was (bijv. handwas)	빨래	ppal-lae
wasmachine (de)	세탁기	se-tak-gi

| de was doen | 빨래하다 | ppal-lae-ha-da |
| waspoeder (de) | 가루세제 | ga-ru-se-je |

68. Huishoudelijke apparaten

televisie (de)	텔레비전	tel-le-bi-jeon
cassettespeler (de)	카세트 플레이어	ka-se-teu peul-le-i-eo
videorecorder (de)	비디오테이프 녹화기	bi-di-o-te-i-peu nok-wa-gi
radio (de)	라디오	ra-di-o
speler (de)	플레이어	peul-le-i-eo

videoprojector (de)	프로젝터	peu-ro-jek-teo
home theater systeem (het)	홈씨어터	hom-ssi-eo-teo
DVD-speler (de)	디비디 플레이어	di-bi-di peul-le-i-eo
versterker (de)	앰프	aem-peu
spelconsole (de)	게임기	ge-im-gi

videocamera (de)	캠코더	kaem-ko-deo
fotocamera (de)	카메라	ka-me-ra
digitale camera (de)	디지털 카메라	di-ji-teol ka-me-ra

stofzuiger (de)	진공 청소기	jin-gong cheong-so-gi
strijkijzer (het)	다리미	da-ri-mi
strijkplank (de)	다림질 판	da-rim-jil pan

telefoon (de)	전화	jeon-hwa
mobieltje (het)	휴대폰	hyu-dae-pon
schrijfmachine (de)	타자기	ta-ja-gi
naaimachine (de)	재봉틀	jae-bong-teul

microfoon (de)	마이크	ma-i-keu
koptelefoon (de)	헤드폰	he-deu-pon
afstandsbediening (de)	원격 조종	won-gyeok jo-jong

CD (de)	씨디	ssi-di
cassette (de)	테이프	te-i-peu
vinylplaat (de)	레코드 판	re-ko-deu pan

MENSELIJKE ACTIVITEITEN

Baan. Business. Deel 1

69. Kantoor. Op kantoor werken

kantoor (het)	사무실	sa-mu-sil
kamer (de)	사무실	sa-mu-sil
receptie (de)	접수처	jeop-su-cheo
secretaris (de)	비서	bi-seo
directeur (de)	사장	sa-jang
manager (de)	매니저	mae-ni-jeo
boekhouder (de)	회계사	hoe-gye-sa
werknemer (de)	직원	ji-gwon
meubilair (het)	가구	ga-gu
tafel (de)	책상	chaek-sang
bureaustoel (de)	책상 의자	chaek-sang ui-ja
kapstok (de)	스탠드옷걸이	seu-taen-deu-ot-geo-ri
computer (de)	컴퓨터	keom-pyu-teo
printer (de)	프린터	peu-rin-teo
fax (de)	팩스기	paek-seu-gi
kopieerapparaat (het)	복사기	bok-sa-gi
papier (het)	종이	jong-i
kantoorartikelen (mv.)	사무용품	sa-mu-yong-pum
muismat (de)	마우스 패드	ma-u-seu pae-deu
blad (het)	한 장	han jang
ordner (de)	바인더	ba-in-deo
catalogus (de)	카탈로그	ka-tal-lo-geu
telefoongids (de)	전화번호부	jeon-hwa-beon-ho-bu
documentatie (de)	문서	mun-seo
brochure (de)	브로셔	beu-ro-syeo
flyer (de)	전단	jeon-dan
monster (het), staal (de)	샘플	saem-peul
training (de)	수련회를	su-ryeon-hoe-reul
vergadering (de)	회의	hoe-ui
lunchpauze (de)	점심시간	jeom-sim-si-gan
een kopie maken	사본을 만들다	sa-bo-neul man-deul-da
de kopieën maken	복사하다	bok-sa-ha-da
een fax ontvangen	팩스를 받다	paek-seu-reul bat-da
een fax versturen	팩스를 보내다	paek-seu-reul bo-nae-da
opbellen (ww)	전화하다	jeon-hwa-ha-da
antwoorden (ww)	대답하다	dae-da-pa-da

doorverbinden (ww)	연결해 주다	yeon-gyeol-hae ju-da
afspreken (ww)	마련하다	ma-ryeon-ha-da
demonstreren (ww)	전시하다	jeon-si-ha-da
absent zijn (ww)	결석하다	gyeol-seok-a-da
afwezigheid (de)	결근	gyeol-geun

70. Bedrijfsprocessen. Deel 1

zaak (de), beroep (het)	직업	ji-geop
firma (de)	회사	hoe-sa
bedrijf (maatschap)	회사	hoe-sa
corporatie (de)	사단 법인	sa-dan beo-bin
onderneming (de)	업체	eop-che
agentschap (het)	에이전시	e-i-jeon-si
overeenkomst (de)	약정	yak-jeong
contract (het)	계약	gye-yak
transactie (de)	거래	geo-rae
bestelling (de)	주문	ju-mun
voorwaarde (de)	조건	jo-geon
in het groot (bw)	도매로	do-mae-ro
groothandels- (abn)	도매의	do-mae-ui
groothandel (de)	도매	do-mae
kleinhandels- (abn)	소매의	so-mae-ui
kleinhandel (de)	소매	so-mae
concurrent (de)	경쟁자	gyeong-jaeng-ja
concurrentie (de)	경쟁	gyeong-jaeng
concurreren (ww)	경쟁하다	gyeong-jaeng-ha-da
partner (de)	파트너	pa-teu-neo
partnerschap (het)	파트너십	pa-teu-neo-sip
crisis (de)	위기	wi-gi
bankroet (het)	파산	pa-san
bankroet gaan (ww)	파산하다	pa-san-ha-da
moeilijkheid (de)	어려움	eo-ryeo-um
probleem (het)	문제	mun-je
catastrofe (de)	재난	jae-nan
economie (de)	경기, 경제	gyeong-gi, gyeong-je
economisch (bn)	경제의	gyeong-je-ui
economische recessie (de)	경기침체	gyeong-gi-chim-che
doel (het)	목표	mok-pyo
taak (de)	임무	im-mu
handelen (handel drijven)	거래하다	geo-rae-ha-da
netwerk (het)	네트워크	ne-teu-wo-keu
voorraad (de)	재고	jae-go
assortiment (het)	세트	se-teu
leider (de)	리더	ri-deo
groot (bn)	규모가 큰	gyu-mo-ga keun

monopolie (het)	독점	dok-jeom
theorie (de)	이론	i-ron
praktijk (de)	실천	sil-cheon
ervaring (de)	경험	gyeong-heom
tendentie (de)	경향	gyeong-hyang
ontwikkeling (de)	개발	gae-bal

71. Bedrijfsprocessen. Deel 2

voordeel (het)	수익, 이익	su-ik, i-ik
voordelig (bn)	수익성이 있는	su-ik-seong-i in-neun
delegatie (de)	대표단	dae-pyo-dan
salaris (het)	급여, 월급	geu-byeo, wol-geup
corrigeren (fouten ~)	고치다	go-chi-da
zakenreis (de)	출장	chul-jang
commissie (de)	수수료	su-su-ryo
controleren (ww)	제어하다	je-eo-ha-da
conferentie (de)	회의	hoe-ui
licentie (de)	면허증	myeon-heo-jeung
betrouwbaar (partner, enz.)	믿을 만한	mi-deul man-han
aanzet (de)	시작	si-jak
norm (bijv. ~ stellen)	표준	pyo-jun
omstandigheid (de)	상황	sang-hwang
taak, plicht (de)	의무	ui-mu
organisatie (bedrijf, zaak)	조직	jo-jik
organisatie (proces)	준비	jun-bi
georganiseerd (bn)	조직된	jo-jik-doen
afzegging (de)	취소	chwi-so
afzeggen (ww)	취소하다	chwi-so-ha-da
verslag (het)	보고서	bo-go-seo
patent (het)	특허	teuk-eo
patenteren (ww)	특허를 받다	teuk-eo-reul bat-da
plannen (ww)	계획하다	gye-hoek-a-da
premie (de)	보너스	bo-neo-seu
professioneel (bn)	전문가의	jeon-mun-ga-ui
procedure (de)	절차	jeol-cha
onderzoeken (contract, enz.)	조사하다	jo-sa-ha-da
berekening (de)	계산	gye-san
reputatie (de)	평판	pyeong-pan
risico (het)	위험	wi-heom
beheren (managen)	운영하다	u-nyeong-ha-da
informatie (de)	정보	jeong-bo
eigendom (bezit)	소유	so-yu
unie (de)	연합	yeon-hap
levensverzekering (de)	생명 보험	saeng-myeong bo-heom
verzekeren (ww)	보험에 들다	bo-heom-e deul-da

verzekering (de)	보험	bo-heom
veiling (de)	경매	gyeong-mae
verwittigen (ww)	통지하다	tong-ji-ha-da
beheer (het)	주관	ju-gwan
dienst (de)	서비스	seo-bi-seu
forum (het)	포럼	po-reom
functioneren (ww)	기능하다	gi-neung-ha-da
stap, etappe (de)	단계	dan-gye
juridisch (bn)	법률상의	beom-nyul-sang-ui
jurist (de)	법률고문	beom-nyul-go-mun

72. Productie. Werken

industriële installatie (fabriek)	공장	gong-jang
fabriek (de)	공장	gong-jang
werkplaatsruimte (de)	작업장	ja-geop-jang
productielocatie (de)	현장	hyeon-jang
industrie (de)	산업, 공업	san-eop, gong-eop
industrieel (bn)	산업의	san-eo-bui
zware industrie (de)	중공업	jung-gong-eop
lichte industrie (de)	경공업	gyeong-gong-eop
productie (de)	제품	je-pum
produceren (ww)	제조하다	je-jo-ha-da
grondstof (de)	원재료	won-jae-ryo
voorman, ploegbaas (de)	작업반장	ja-geop-ban-jang
ploeg (de)	작업반	ja-geop-ban
arbeider (de)	노동자	no-dong-ja
werkdag (de)	근무일	geun-mu-il
pauze (de)	휴식	hyu-sik
samenkomst (de)	회의	hoe-ui
bespreken (spreken over)	의논하다	ui-non-ha-da
plan (het)	계획	gye-hoek
het plan uitvoeren	계획을 수행하다	gye-hoe-geul su-haeng-ha-da
productienorm (de)	생산량	saeng-sal-lyang
kwaliteit (de)	품질	pum-jil
controle (de)	관리	gwal-li
kwaliteitscontrole (de)	품질 관리	pum-jil gwal-li
arbeidsveiligheid (de)	산업안전	sa-neo-ban-jeon
discipline (de)	규율	gyu-yul
overtreding (de)	위반	wi-ban
overtreden (ww)	위반하다	wi-ban-ha-da
staking (de)	파업	pa-eop
staker (de)	파업자	pa-eop-ja
staken (ww)	파업하다	pa-eo-pa-da
vakbond (de)	노동조합	no-dong-jo-hap
uitvinden (machine, enz.)	발명하다	bal-myeong-ha-da

uitvinding (de)	발명	bal-myeong
onderzoek (het)	연구	yeon-gu
verbeteren (beter maken)	개선하다	gae-seon-ha-da
technologie (de)	기술	gi-sul
technische tekening (de)	건축 도면	geon-chuk do-myeon
vracht (de)	화물	hwa-mul
lader (de)	하역부	ha-yeok-bu
laden (vrachtwagen)	싣다	sit-da
laden (het)	적재	jeok-jae
lossen (ww)	짐을 부리다	ji-meul bu-ri-da
lossen (het)	짐부리기	jim-bu-ri-gi
transport (het)	운송	un-song
transportbedrijf (de)	운송 회사	un-song hoe-sa
transporteren (ww)	운송하다	un-song-ha-da
goederenwagon (de)	화차	hwa-cha
tank (bijv. ketelwagen)	탱크	taeng-keu
vrachtwagen (de)	트럭	teu-reok
machine (de)	공작 기계	gong-jak gi-gye
mechanisme (het)	기계 장치	gi-gye jang-chi
industrieel afval (het)	산업폐기물	san-eop-pye-gi-mul
verpakking (de)	포장	po-jang
verpakken (ww)	포장하다	po-jang-ha-da

73. Contract. Overeenstemming

contract (het)	계약	gye-yak
overeenkomst (de)	약정	yak-jeong
bijlage (de)	별첨	byeol-cheom
een contract sluiten	계약에 서명하다	gye-ya-ge seo-myeong-ha-da
handtekening (de)	서명	seo-myeong
ondertekenen (ww)	서명하다	seo-myeong-ha-da
stempel (de)	도장	do-jang
voorwerp (het) van de overeenkomst	계약 내용	gye-yak nae-yong
clausule (de)	항	hang
partijen (mv.)	양측	yang-cheuk
vestigingsadres (het)	법인 주소	beo-bin ju-so
het contract verbreken (overtreden)	계약을 위반하다	gye-ya-geul rwi-ban-ha-da
verplichting (de)	의무	ui-mu
verantwoordelijkheid (de)	책임	chae-gim
overmacht (de)	불가항력	bul-ga-hang-nyeok
geschil (het)	분쟁	bun-jaeng
sancties (mv.)	제재	je-jae

74. Import & Export

import (de)	수입	su-ip
importeur (de)	수입업자	su-i-beop-ja
importeren (ww)	수입하다	su-i-pa-da
import- (abn)	수입의	su-i-bui
exporteur (de)	수출업자	su-chu-reop-ja
exporteren (ww)	수출하다	su-chul-ha-da
goederen (mv.)	상품	sang-pum
partij (de)	탁송물	tak-song-mul
gewicht (het)	무게	mu-ge
volume (het)	부피	bu-pi
kubieke meter (de)	입방 미터	ip-bang mi-teo
producent (de)	생산자	saeng-san-ja
transportbedrijf (de)	운송 회사	un-song hoe-sa
container (de)	컨테이너	keon-te-i-neo
grens (de)	국경	guk-gyeong
douane (de)	세관	se-gwan
douanerecht (het)	관세	gwan-se
douanier (de)	세관원	se-gwan-won
smokkelen (het)	밀수입	mil-su-ip
smokkelwaar (de)	밀수품	mil-su-pum

75. Financiën

aandeel (het)	주식	ju-sik
obligatie (de)	채권	chae-gwon
wissel (de)	어음	eo-eum
beurs (de)	증권거래소	jeung-gwon-geo-rae-so
aandelenkoers (de)	주가	ju-ga
dalen (ww)	내리다	nae-ri-da
stijgen (ww)	오르다	o-reu-da
meerderheidsbelang (het)	지배 지분	ji-bae ji-bun
investeringen (mv.)	투자	tu-ja
investeren (ww)	투자하다	tu-ja-ha-da
procent (het)	퍼센트	peo-sen-teu
rente (de)	이자	i-ja
winst (de)	수익, 이익	su-ik, i-ik
winstgevend (bn)	수익성이 있는	su-ik-seong-i in-neun
belasting (de)	세금	se-geum
valuta (vreemde ~)	통화	tong-hwa
nationaal (bn)	국가의	guk-ga-ui
ruil (de)	환전	hwan-jeon

boekhouder (de)	회계사	hoe-gye-sa
boekhouding (de)	회계	hoe-gye
bankroet (het)	파산	pa-san
ondergang (de)	붕괴	bung-goe
faillissement (het)	파산	pa-san
geruïneerd zijn (ww)	파산하다	pa-san-ha-da
inflatie (de)	인플레이션	in-peul-le-i-syeon
devaluatie (de)	평가절하	pyeong-ga-jeol-ha
kapitaal (het)	자본	ja-bon
inkomen (het)	소득	so-deuk
omzet (de)	총매출액	chong-mae-chu-raek
middelen (mv.)	재원을	jae-wo-neul
financiële middelen (mv.)	재정 자원을	jae-jeong ja-wo-neul
reduceren (kosten ~)	줄이다	ju-ri-da

76. Marketing

marketing (de)	마케팅	ma-ke-ting
markt (de)	시장	si-jang
marktsegment (het)	시장 분야	si-jang bu-nya
product (het)	제품	je-pum
goederen (mv.)	상품	sang-pum
handelsmerk (het)	트레이드마크	teu-re-i-deu-ma-keu
beeldmerk (het)	로고	ro-go
logo (het)	로고	ro-go
vraag (de)	수요	su-yo
aanbod (het)	공급	gong-geup
behoefte (de)	필요	pi-ryo
consument (de)	소비자	so-bi-ja
analyse (de)	분석	bun-seok
analyseren (ww)	분석하다	bun-seok-a-da
positionering (de)	포지셔닝	po-ji-syeo-ning
positioneren (ww)	포지셔닝하다	po-ji-syeo-ning-ha-da
prijs (de)	가격	ga-gyeok
prijspolitiek (de)	가격 정책	ga-gyeok jeong-chaek
prijsvorming (de)	가격 형성	ga-gyeok yeong-seong

77. Reclame

reclame (de)	광고	gwang-go
adverteren (ww)	광고하다	gwang-go-ha-da
budget (het)	예산	ye-san
advertentie, reclame (de)	광고	gwang-go
TV-reclame (de)	텔레비전 광고	tel-le-bi-jeon gwang-go
radioreclame (de)	라디오 광고	ra-di-o gwang-go

buitenreclame (de)	옥외 광고	o-goe gwang-go
massamedia (de)	매체	mae-che
periodiek (de)	정기 간행물	jeong-gi gan-haeng-mul
imago (het)	이미지	i-mi-ji
slagzin (de)	슬로건	seul-lo-geon
motto (het)	표어	pyo-eo
campagne (de)	캠페인	kaem-pe-in
reclamecampagne (de)	광고 캠페인	gwang-go kaem-pe-in
doelpubliek (het)	공략 대상	gong-nyak dae-sang
visitekaartje (het)	명함	myeong-ham
flyer (de)	전단	jeon-dan
brochure (de)	브로셔	beu-ro-syeo
folder (de)	팜플렛	pam-peul-let
nieuwsbrief (de)	회보	hoe-bo
gevelreclame (de)	간판	gan-pan
poster (de)	포스터	po-seu-teo
aanplakbord (het)	광고판	gwang-go-pan

78. Bankieren

bank (de)	은행	eun-haeng
bankfiliaal (het)	지점	ji-jeom
bankbediende (de)	행원	haeng-won
manager (de)	지배인	ji-bae-in
bankrekening (de)	은행계좌	eun-haeng-gye-jwa
rekeningnummer (het)	계좌 번호	gye-jwa beon-ho
lopende rekening (de)	당좌	dang-jwa
spaarrekening (de)	보통 예금	bo-tong ye-geum
een rekening openen	계좌를 열다	gye-jwa-reul ryeol-da
de rekening sluiten	계좌를 해지하다	gye-jwa-reul hae-ji-ha-da
op rekening storten	계좌에 입금하다	ip-geum-ha-da
opnemen (ww)	출금하다	chul-geum-ha-da
storting (de)	저금	jeo-geum
een storting maken	입금하다	ip-geum-ha-da
overschrijving (de)	송금	song-geum
een overschrijving maken	송금하다	song-geum-ha-da
som (de)	액수	aek-su
Hoeveel?	얼마?	eol-ma?
handtekening (de)	서명	seo-myeong
ondertekenen (ww)	서명하다	seo-myeong-ha-da
kredietkaart (de)	신용 카드	si-nyong ka-deu
code (de)	비밀번호	bi-mil-beon-ho
kredietkaartnummer (het)	신용 카드 번호	si-nyong ka-deu beon-ho

geldautomaat (de)	현금 자동 지급기	hyeon-geum ja-dong ji-geup-gi
cheque (de)	수표	su-pyo
een cheque uitschrijven	수표를 끊다	su-pyo-reul kkeun-ta
chequeboekje (het)	수표책	su-pyo-chaek
lening, krediet (de)	대출	dae-chul
een lening aanvragen	대출 신청하다	dae-chul sin-cheong-ha-da
een lening nemen	대출을 받다	dae-chu-reul bat-da
een lening verlenen	대출하다	dae-chul-ha-da
garantie (de)	담보	dam-bo

79. Telefoon. Telefoongesprek

telefoon (de)	전화	jeon-hwa
mobieltje (het)	휴대폰	hyu-dae-pon
antwoordapparaat (het)	자동 응답기	ja-dong eung-dap-gi
bellen (ww)	전화하다	jeon-hwa-ha-da
belletje (telefoontje)	통화	tong-hwa
een nummer draaien	번호로 걸다	beon-ho-ro geol-da
Hallo!	여보세요!	yeo-bo-se-yo!
vragen (ww)	묻다	mut-da
antwoorden (ww)	전화를 받다	jeon-hwa-reul bat-da
horen (ww)	듣다	deut-da
goed (bw)	잘	jal
slecht (bw)	좋지 않은	jo-chi a-neun
storingen (mv.)	잡음	ja-beum
hoorn (de)	수화기	su-hwa-gi
opnemen (ww)	전화를 받다	jeon-hwa-reul bat-da
ophangen (ww)	전화를 끊다	jeon-hwa-reul kkeun-ta
bezet (bn)	통화 중인	tong-hwa jung-in
overgaan (ww)	울리다	ul-li-da
telefoonboek (het)	전화 번호부	jeon-hwa beon-ho-bu
lokaal (bn)	시내의	si-nae-ui
interlokaal (bn)	장거리의	jang-geo-ri-ui
buitenlands (bn)	국제적인	guk-je-jeo-gin

80. Mobiele telefoon

mobieltje (het)	휴대폰	hyu-dae-pon
scherm (het)	화면	hwa-myeon
toets, knop (de)	버튼	beo-teun
simkaart (de)	SIM 카드	SIM ka-deu
batterij (de)	건전지	geon-jeon-ji
leeg zijn (ww)	나가다	na-ga-da

acculader (de)	충전기	chung-jeon-gi
menu (het)	메뉴	me-nyu
instellingen (mv.)	설정	seol-jeong
melodie (beltoon)	벨소리	bel-so-ri
selecteren (ww)	선택하다	seon-taek-a-da
rekenmachine (de)	계산기	gye-san-gi
voicemail (de)	자동 응답기	ja-dong eung-dap-gi
wekker (de)	알람 시계	al-lam si-gye
contacten (mv.)	연락처	yeol-lak-cheo
SMS-bericht (het)	문자 메시지	mun-ja me-si-ji
abonnee (de)	가입자	ga-ip-ja

81. Schrijfbehoeften

balpen (de)	볼펜	bol-pen
vulpen (de)	만년필	man-nyeon-pil
potlood (het)	연필	yeon-pil
marker (de)	형광펜	hyeong-gwang-pen
viltstift (de)	사인펜	sa-in-pen
notitieboekje (het)	공책	gong-chaek
agenda (boekje)	수첩	su-cheop
liniaal (de/het)	자	ja
rekenmachine (de)	계산기	gye-san-gi
gom (de)	지우개	ji-u-gae
punaise (de)	압정	ap-jeong
paperclip (de)	클립	keul-lip
lijm (de)	접착제	jeop-chak-je
nietmachine (de)	호치키스	ho-chi-ki-seu
perforator (de)	편치	peon-chi
potloodslijper (de)	연필깎이	yeon-pil-kka-kki

82. Soorten bedrijven

boekhouddiensten (mv.)	회계 서비스	hoe-gye seo-bi-seu
reclame (de)	광고	gwang-go
reclamebureau (het)	광고 회사	gwang-go hoe-sa
airconditioning (de)	에어컨	e-eo-keon
luchtvaartmaatschappij (de)	항공사	hang-gong-sa
alcoholische dranken (mv.)	주류	ju-ryu
antiek (het)	골동품	gol-dong-pum
kunstgalerie (de)	미술관	mi-sul-gwan
audit diensten (mv.)	회계 감사	hoe-gye gam-sa
banken (mv.)	금융업계	geu-myung-eop-gye
bar (de)	바	ba

schoonheidssalon (de/het)	미장원	mi-jang-won
boekhandel (de)	서점	seo-jeom
bierbrouwerij (de)	맥주 양조장	maek-ju yang-jo-jang
zakencentrum (het)	비즈니스 센터	bi-jeu-ni-seu sen-teo
business school (de)	비즈니스 스쿨	bi-jeu-ni-seu seu-kul
casino (het)	카지노	ka-ji-no
bouwbedrijven (mv.)	건설	geon-seol
adviesbureau (het)	컨설팅	keon-seol-ting
tandheelkunde (de)	치과 병원	chi-gwa byeong-won
design (het)	디자인	di-ja-in
apotheek (de)	약국	yak-guk
stomerij (de)	드라이 클리닝	deu-ra-i keul-li-ning
uitzendbureau (het)	직업 소개소	ji-geop so-gae-so
financiële diensten (mv.)	재무 서비스	jae-mu seo-bi-seu
voedingswaren (mv.)	식품	sik-pum
uitvaartcentrum (het)	장례식장	jang-nye-sik-jang
meubilair (het)	가구	ga-gu
kleding (de)	옷	ot
hotel (het)	호텔	ho-tel
IJsje (het)	아이스크림	a-i-seu-keu-rim
industrie (de)	산업, 공업	san-eop, gong-eop
verzekering (de)	보험	bo-heom
Internet (het)	인터넷	in-teo-net
investeringen (mv.)	투자	tu-ja
juwelier (de)	보석 상인	bo-seok sang-in
juwelen (mv.)	보석	bo-seok
wasserette (de)	세탁소	se-tak-so
juridische diensten (mv.)	법률컨설팅	beom-nyul-keon-seol-ting
lichte industrie (de)	경공업	gyeong-gong-eop
tijdschrift (het)	잡지	jap-ji
medicijnen (mv.)	의학	ui-hak
bioscoop (de)	영화관	yeong-hwa-gwan
museum (het)	박물관	bang-mul-gwan
persbureau (het)	통신사	tong-sin-sa
krant (de)	신문	sin-mun
nachtclub (de)	나이트 클럽	na-i-teu keul-leop
olie (aardolie)	석유	seo-gyu
koerierdienst (de)	문서 송달 회사	mun-seo song-dal hoe-sa
geneesmiddelen (mv.)	의약	ui-yak
drukkerij (de)	인쇄산업	in-swae-san-eop
uitgeverij (de)	출판사	chul-pan-sa
radio (de)	라디오	ra-di-o
vastgoed (het)	부동산	bu-dong-san
restaurant (het)	레스토랑	re-seu-to-rang
bewakingsfirma (de)	보안 회사	bo-an hoe-sa
sport (de)	스포츠	seu-po-cheu

handelsbeurs (de)	증권거래소	jeung-gwon-geo-rae-so
winkel (de)	가게, 상점	ga-ge, sang-jeom
supermarkt (de)	슈퍼마켓	syu-peo-ma-ket
zwembad (het)	수영장	su-yeong-jang
naaiatelier (het)	양복점	yang-bok-jeom
televisie (de)	텔레비전	tel-le-bi-jeon
theater (het)	극장	geuk-jang
handel (de)	거래	geo-rae
transport (het)	운송	un-song
toerisme (het)	관광산업	gwan-gwang-sa-neop
dierenarts (de)	수의사	su-ui-sa
magazijn (het)	창고	chang-go
afvalinzameling (de)	쓰레기 수거	sseu-re-gi su-geo

Baan. Business. Deel 2

83. Show. Tentoonstelling

beurs (de)	전시회	jeon-si-hoe
vakbeurs, handelsbeurs (de)	상품 전시회	sang-pum jeon-si-hoe
deelneming (de)	참가	cham-ga
deelnemen (ww)	참가하다	cham-ga-ha-da
deelnemer (de)	참가자	cham-ga-ja
directeur (de)	대표이사	dae-pyo-i-sa
organisatiecomité (het)	조직위원회	jo-ji-gwi-won-hoe
organisator (de)	조직위원회	jo-ji-gwi-won-hoe
organiseren (ww)	조직하다	jo-jik-a-da
deelnemingsaanvraag (de)	참가 신청서	cham-ga sin-cheong-seo
invullen (een formulier ~)	작성하다	jak-seong-ha-da
details (mv.)	상세	sang-se
informatie (de)	정보	jeong-bo
prijs (de)	가격	ga-gyeok
inclusief (bijv. ~ BTW)	포함하여	po-ham-ha-yeo
inbegrepen (alles ~)	포함하다	po-ham-ha-da
betalen (ww)	지불하다	ji-bul-ha-da
registratietarief (het)	등록비	deung-nok-bi
ingang (de)	입구	ip-gu
paviljoen (het), hal (de)	전시실	jeon-si-sil
registreren (ww)	등록하다	deung-nok-a-da
badge, kaart (de)	명찰	myeong-chal
beursstand (de)	부스	bu-seu
reserveren (een stand ~)	예약하다	ye-yak-a-da
vitrine (de)	진열장	ji-nyeol-jang
licht (het)	스포트라이트	seu-po-teu-ra-i-teu
design (het)	디자인	di-ja-in
plaatsen (ww)	배치하다	bae-chi-ha-da
distributeur (de)	배급업자	bae-geu-beop-ja
leverancier (de)	공급자	gong-geup-ja
land (het)	나라	na-ra
buitenlands (bn)	외국의	oe-gu-gui
product (het)	제품	je-pum
associatie (de)	협회	hyeo-poe
conferentiezaal (de)	회의장	hoe-ui-jang
congres (het)	회의	hoe-ui

wedstrijd (de)	컨테스트	keon-te-seu-teu
bezoeker (de)	방문객	bang-mun-gaek
bezoeken (ww)	방문하다	bang-mun-ha-da
afnemer (de)	고객	go-gaek

84. Wetenschap. Onderzoek. Wetenschappers

wetenschap (de)	과학	gwa-hak
wetenschappelijk (bn)	과학의	gwa-ha-gui
wetenschapper (de)	과학자	gwa-hak-ja
theorie (de)	이론	i-ron

axioma (het)	공리	gong-ni
analyse (de)	분석	bun-seok
analyseren (ww)	분석하다	bun-seok-a-da
argument (het)	주장	ju-jang
substantie (de)	물질	mul-jil

hypothese (de)	가설	ga-seol
dilemma (het)	딜레마	dil-le-ma
dissertatie (de)	학위 논문	ha-gwi non-mun
dogma (het)	도그마	do-geu-ma

doctrine (de)	학설	hak-seol
onderzoek (het)	연구	yeon-gu
onderzoeken (ww)	연구하다	yeon-gu-ha-da
toetsing (de)	실험	sil-heom
laboratorium (het)	연구실	yeon-gu-sil

methode (de)	방법	bang-beop
molecule (de/het)	분자	bun-ja
monitoring (de)	감시	gam-si
ontdekking (de)	발견	bal-gyeon

postulaat (het)	공준	gong-jun
principe (het)	원칙	won-chik
voorspelling (de)	예상	ye-sang
een prognose maken	예상하다	ye-sang-ha-da

synthese (de)	종합	jong-hap
tendentie (de)	경향	gyeong-hyang
theorema (het)	정리	jeong-ni

leerstellingen (mv.)	가르침	ga-reu-chim
feit (het)	사실	sa-sil
expeditie (de)	탐험	tam-heom
experiment (het)	실험	sil-heom

academicus (de)	아카데미 회원	a-ka-de-mi hoe-won
bachelor (bijv. BA, LLB)	학사	hak-sa
doctor (de)	박사	bak-sa
universitair docent (de)	부교수	bu-gyo-su
master, magister (de)	석사	seok-sa
professor (de)	교수	gyo-su

Beroepen en ambachten

85. Zoeken naar werk. Ontslag

baan (de)	직업	ji-geop
personeel (het)	직원	ji-gwon
carrière (de)	경력	gyeong-nyeok
vooruitzichten (mv.)	전망	jeon-mang
meesterschap (het)	숙달	suk-dal
keuze (de)	선발	seon-bal
uitzendbureau (het)	직업 소개소	ji-geop so-gae-so
CV, curriculum vitae (het)	이력서	
sollicitatiegesprek (het)	면접	myeon-jeop
vacature (de)	결원	gyeo-rwon
salaris (het)	급여, 월급	geu-byeo, wol-geup
vaste salaris (het)	고정급	go-jeong-geup
loon (het)	급료	geum-nyo
betrekking (de)	직위	ji-gwi
taak, plicht (de)	의무	ui-mu
takenpakket (het)	업무범위	eom-mu-beom-wi
bezig (~ zijn)	바쁜	ba-ppeun
ontslagen (ww)	해고하다	hae-go-ha-da
ontslag (het)	해고	hae-go
werkloosheid (de)	실업	si-reop
werkloze (de)	실업자	si-reop-ja
pensioen (het)	은퇴	eun-toe
met pensioen gaan	은퇴하다	eun-toe-ha-da

86. Zakenmensen

directeur (de)	사장	sa-jang
beheerder (de)	지배인	ji-bae-in
hoofd (het)	상사	sang-sa
baas (de)	상사	sang-sa
superieuren (mv.)	상사	sang-sa
president (de)	회장	hoe-jang
voorzitter (de)	의장	ui-jang
adjunct (de)	부 ...	bu ...
assistent (de)	조수	jo-su
secretaris (de)	비서	bi-seo

Nederlands	Koreaans	Romanisatie
persoonlijke assistent (de)	개인 비서	gae-in bi-seo
zakenman (de)	사업가	sa-eop-ga
ondernemer (de)	사업가	sa-eop-ga
oprichter (de)	설립자	seol-lip-ja
oprichten (een nieuw bedrijf ~)	설립하다	seol-li-pa-da
stichter (de)	설립자	seol-lip-ja
partner (de)	파트너	pa-teu-neo
aandeelhouder (de)	주주	ju-ju
miljonair (de)	백만장자	baeng-man-jang-ja
miljardair (de)	억만장자	eong-man-jang-ja
eigenaar (de)	소유자	so-yu-ja
landeigenaar (de)	토지 소유자	to-ji so-yu-ja
klant (de)	고객	go-gaek
vaste klant (de)	단골	dan-gol
koper (de)	구매자	gu-mae-ja
bezoeker (de)	방문객	bang-mun-gaek
professioneel (de)	전문가	jeon-mun-ga
expert (de)	전문가	jeon-mun-ga
specialist (de)	전문가	jeon-mun-ga
bankier (de)	은행가	eun-haeng-ga
makelaar (de)	브로커	beu-ro-keo
kassier (de)	계산원	gye-san-won
boekhouder (de)	회계사	hoe-gye-sa
bewaker (de)	보안요원	bo-a-nyo-won
investeerder (de)	투자가	tu-ja-ga
schuldenaar (de)	채무자	chae-mu-ja
crediteur (de)	빚쟁이	bit-jaeng-i
lener (de)	차용인	cha-yong-in
importeur (de)	수입업자	su-i-beop-ja
exporteur (de)	수출업자	su-chu-reop-ja
producent (de)	생산자	saeng-san-ja
distributeur (de)	배급업자	bae-geu-beop-ja
bemiddelaar (de)	중간상인	jung-gan-sang-in
adviseur, consulent (de)	컨설턴트	keon-seol-teon-teu
vertegenwoordiger (de)	판매 대리인	pan-mae dae-ri-in
agent (de)	중개인	jung-gae-in
verzekeringsagent (de)	보험설계사	bo-heom-seol-gye-sa

87. Dienstverlenende beroepen

Nederlands	Koreaans	Romanisatie
kok (de)	요리사	yo-ri-sa
chef-kok (de)	주방장	ju-bang-jang
bakker (de)	제빵사	je-ppang-sa

barman (de)	바텐더	ba-ten-deo
kelner, ober (de)	웨이터	we-i-teo
serveerster (de)	웨이트리스	we-i-teu-ri-seu
advocaat (de)	변호사	byeon-ho-sa
jurist (de)	법률고문	beom-nyul-go-mun
notaris (de)	공증인	gong-jeung-in
elektricien (de)	전기 기사	jeon-gi gi-sa
loodgieter (de)	배관공	bae-gwan-gong
timmerman (de)	목수	mok-su
masseur (de)	안마사	an-ma-sa
masseuse (de)	안마사	an-ma-sa
dokter, arts (de)	의사	ui-sa
taxichauffeur (de)	택시 운전 기사	taek-si un-jeon gi-sa
chauffeur (de)	운전 기사	un-jeon gi-sa
koerier (de)	배달원	bae-da-rwon
kamermeisje (het)	객실 청소부	gaek-sil cheong-so-bu
bewaker (de)	보안요원	bo-a-nyo-won
stewardess (de)	승무원	seung-mu-won
meester (de)	선생님	seon-saeng-nim
bibliothecaris (de)	사서	sa-seo
vertaler (de)	번역가	beo-nyeok-ga
tolk (de)	통역가	tong-yeok-ga
gids (de)	가이드	ga-i-deu
kapper (de)	미용사	mi-yong-sa
postbode (de)	우체부	u-che-bu
verkoper (de)	점원	jeom-won
tuinman (de)	정원사	jeong-won-sa
huisbediende (de)	하인	ha-in
dienstmeisje (het)	하녀	ha-nyeo
schoonmaakster (de)	청소부	cheong-so-bu

88. Militaire beroepen en rangen

soldaat (rang)	일병	il-byeong
sergeant (de)	병장	byeong-jang
luitenant (de)	중위	jung-wi
kapitein (de)	대위	dae-wi
majoor (de)	소령	so-ryeong
kolonel (de)	대령	dae-ryeong
generaal (de)	장군	jang-gun
maarschalk (de)	원수	won-su
admiraal (de)	제독	je-dok
militair (de)	군인	gun-in
soldaat (de)	군인	gun-in

officier (de)	장교	jang-gyo
commandant (de)	사령관	sa-ryeong-gwan
grenswachter (de)	국경 수비대원	guk-gyeong su-bi-dae-won
marconist (de)	무선 기사	mu-seon gi-sa
verkenner (de)	정찰병	jeong-chal-byeong
sappeur (de)	공병대원	gong-byeong-dae-won
schutter (de)	사수	sa-su
stuurman (de)	항법사	hang-beop-sa

89. Ambtenaren. Priesters

koning (de)	왕	wang
koningin (de)	여왕	yeo-wang
prins (de)	왕자	wang-ja
prinses (de)	공주	gong-ju
tsaar (de)	차르	cha-reu
tsarina (de)	여황제	yeo-hwang-je
president (de)	대통령	dae-tong-nyeong
minister (de)	장관	jang-gwan
eerste minister (de)	총리	chong-ni
senator (de)	상원의원	sang-won-ui-won
diplomaat (de)	외교관	oe-gyo-gwan
consul (de)	영사	yeong-sa
ambassadeur (de)	대사	dae-sa
adviseur (de)	고문관	go-mun-gwan
ambtenaar (de)	공무원	gong-mu-won
prefect (de)	도지사, 현감	do-ji-sa, hyeon-gam
burgemeester (de)	시장	si-jang
rechter (de)	판사	pan-sa
aanklager (de)	검사	geom-sa
missionaris (de)	선교사	seon-gyo-sa
monnik (de)	수도사	su-do-sa
abt (de)	수도원장	su-do-won-jang
rabbi, rabbijn (de)	랍비	rap-bi
vizier (de)	고관	go-gwan
sjah (de)	샤	sya
sjeik (de)	셰이크	sye-i-keu

90. Agrarische beroepen

imker (de)	양봉가	yang-bong-ga
herder (de)	목동	mok-dong
landbouwkundige (de)	농학자	nong-hak-ja

| veehouder (de) | 목축업자 | mok-chu-geop-ja |
| dierenarts (de) | 수의사 | su-ui-sa |

landbouwer (de)	농부	nong-bu
wijnmaker (de)	포도주 제조자	po-do-ju je-jo-ja
zoöloog (de)	동물학자	dong-mul-hak-ja
cowboy (de)	카우보이	ka-u-bo-i

91. Kunst beroepen

| acteur (de) | 배우 | bae-u |
| actrice (de) | 여배우 | yeo-bae-u |

| zanger (de) | 가수 | ga-su |
| zangeres (de) | 여가수 | yeo-ga-su |

| danser (de) | 무용가 | mu-yong-ga |
| danseres (de) | 여성 무용가 | yeo-seong mu-yong-ga |

| artiest (mann.) | 공연자 | gong-yeon-ja |
| artiest (vrouw.) | 여성 공연자 | yeo-seong gong-yeon-ja |

muzikant (de)	음악가	eum-ak-ga
pianist (de)	피아니스트	pi-a-ni-seu-teu
gitarist (de)	기타 연주자	gi-ta yeon-ju-ja

orkestdirigent (de)	지휘자	ji-hwi-ja
componist (de)	작곡가	jak-gok-ga
impresario (de)	기획자	gi-hoek-ja

filmregisseur (de)	영화감독	yeong-hwa-gam-dok
filmproducent (de)	제작자	je-jak-ja
scenarioschrijver (de)	시나리오 작가	si-na-ri-o jak-ga
criticus (de)	미술 비평가	mi-sul bi-pyeong-ga

schrijver (de)	작가	jak-ga
dichter (de)	시인	si-in
beeldhouwer (de)	조각가	jo-gak-ga
kunstenaar (de)	화가	hwa-ga

jongleur (de)	저글러	jeo-geul-leo
clown (de)	어릿광대	eo-rit-gwang-dae
acrobaat (de)	곡예사	go-gye-sa
goochelaar (de)	마술사	ma-sul-sa

92. Verschillende beroepen

dokter, arts (de)	의사	ui-sa
ziekenzuster (de)	간호사	gan-ho-sa
psychiater (de)	정신과 의사	jeong-sin-gwa ui-sa
tandarts (de)	치과 의사	chi-gwa ui-sa
chirurg (de)	외과 의사	oe-gwa ui-sa

astronaut (de)	우주비행사	u-ju-bi-haeng-sa
astronoom (de)	천문학자	cheon-mun-hak-ja
chauffeur (de)	운전 기사	un-jeon gi-sa
machinist (de)	기관사	gi-gwan-sa
mecanicien (de)	정비공	jeong-bi-gong
mijnwerker (de)	광부	gwang-bu
arbeider (de)	노동자	no-dong-ja
bankwerker (de)	자물쇠공	ja-mul-soe-gong
houtbewerker (de)	목수	mok-su
draaier (de)	선반공	seon-ban-gong
bouwvakker (de)	공사장 인부	gong-sa-jang in-bu
lasser (de)	용접공	yong-jeop-gong
professor (de)	교수	gyo-su
architect (de)	건축가	geon-chuk-ga
historicus (de)	역사학자	yeok-sa-hak-ja
wetenschapper (de)	과학자	gwa-hak-ja
fysicus (de)	물리학자	mul-li-hak-ja
scheikundige (de)	화학자	hwa-hak-ja
archeoloog (de)	고고학자	go-go-hak-ja
geoloog (de)	지질학자	ji-jil-hak-ja
onderzoeker (de)	연구원	yeon-gu-won
babysitter (de)	애기보는 사람	ae-gi-bo-neun sa-ram
leraar, pedagoog (de)	교사	gyo-sa
redacteur (de)	편집자	pyeon-jip-ja
chef-redacteur (de)	편집장	pyeon-jip-jang
correspondent (de)	통신원	tong-sin-won
typiste (de)	타이피스트	ta-i-pi-seu-teu
designer (de)	디자이너	di-ja-i-neo
computerexpert (de)	컴퓨터 전문가	keom-pyu-teo jeon-mun-ga
programmeur (de)	프로그래머	peu-ro-geu-rae-meo
ingenieur (de)	엔지니어	en-ji-ni-eo
matroos (de)	선원	seon-won
zeeman (de)	수부	su-bu
redder (de)	구조자	gu-jo-ja
brandweerman (de)	소방관	so-bang-gwan
politieagent (de)	경찰관	gyeong-chal-gwan
nachtwaker (de)	경비원	gyeong-bi-won
detective (de)	형사	hyeong-sa
douanier (de)	세관원	se-gwan-won
lijfwacht (de)	경호원	gyeong-ho-won
gevangenisbewaker (de)	간수	gan-su
inspecteur (de)	감독관	gam-dok-gwan
sportman (de)	스포츠맨	seu-po-cheu-maen
trainer (de)	코치	ko-chi
slager, beenhouwer (de)	정육점 주인	jeong-yuk-jeom ju-in

schoenlapper (de)	구둣방	gu-dut-bang
handelaar (de)	상인	sang-in
lader (de)	하역부	ha-yeok-bu
kledingstilist (de)	패션 디자이너	pae-syeon di-ja-i-neo
model (het)	모델	mo-del

93. Beroepen. Sociale status

| scholier (de) | 남학생 | nam-hak-saeng |
| student (de) | 대학생 | dae-hak-saeng |

filosoof (de)	철학자	cheol-hak-ja
econoom (de)	경제 학자	gyeong-je hak-ja
uitvinder (de)	발명가	bal-myeong-ga

werkloze (de)	실업자	si-reop-ja
gepensioneerde (de)	은퇴자	eun-toe-ja
spion (de)	비밀요원	bi-mi-ryo-won

gedetineerde (de)	죄수	joe-su
staker (de)	파업자	pa-eop-ja
bureaucraat (de)	관료	gwal-lyo
reiziger (de)	여행자	yeo-haeng-ja

| homoseksueel (de) | 동성애자 | dong-seong-ae-ja |
| hacker (computerkraker) | 해커 | hae-keo |

bandiet (de)	산적	san-jeok
huurmoordenaar (de)	살인 청부업자	sa-rin cheong-bu-eop-ja
drugsverslaafde (de)	마약 중독자	ma-yak jung-dok-ja
drugshandelaar (de)	마약 밀매자	ma-yak mil-mae-ja
prostituee (de)	매춘부	mae-chun-bu
pooier (de)	포주	po-ju

tovenaar (de)	마법사	ma-beop-sa
tovenares (de)	여자 마법사	yeo-ja ma-beop-sa
piraat (de)	해적	hae-jeok
slaaf (de)	노예	no-ye
samoerai (de)	사무라이	sa-mu-ra-i
wilde (de)	야만인	ya-man-in

Onderwijs

94. School

school (de)	학교	hak-gyo
schooldirecteur (de)	교장	gyo-jang
leerling (de)	남학생	nam-hak-saeng
leerlinge (de)	여학생	yeo-hak-saeng
scholier (de)	남학생	nam-hak-saeng
scholiere (de)	여학생	yeo-hak-saeng
leren (lesgeven)	가르치다	ga-reu-chi-da
studeren (bijv. een taal ~)	배우다	bae-u-da
van buiten leren	암기하다	am-gi-ha-da
leren (bijv. ~ tellen)	배우다	bae-u-da
in school zijn (schooljongen zijn)	재학 중이다	jae-hak jung-i-da
naar school gaan	학교에 가다	hak-gyo-e ga-da
alfabet (het)	알파벳	al-pa-bet
vak (schoolvak)	과목	gwa-mok
klaslokaal (het)	교실	gyo-sil
les (de)	수업	su-eop
pauze (de)	쉬는 시간	swi-neun si-gan
bel (de)	수업종	su-eop-jong
schooltafel (de)	학교 책상	hak-gyo chaek-sang
schoolbord (het)	칠판	chil-pan
cijfer (het)	성적	seong-jeok
goed cijfer (het)	좋은 성적	jo-eun seong-jeok
slecht cijfer (het)	나쁜 성적	na-ppeun seong-jeok
een cijfer geven	성적을 매기다	seong-jeo-geul mae-gi-da
fout (de)	실수	sil-su
fouten maken	실수하다	sil-su-ha-da
corrigeren (fouten ~)	고치다	go-chi-da
spiekbriefje (het)	커닝 페이퍼	keo-ning pe-i-peo
huiswerk (het)	숙제	suk-je
oefening (de)	연습 문제	yeon-seup mun-je
aanwezig zijn (ww)	출석하다	chul-seok-a-da
absent zijn (ww)	결석하다	gyeol-seok-a-da
bestraffen (een stout kind ~)	처벌하다	cheo-beol-ha-da
bestraffing (de)	벌	beol
gedrag (het)	처신	cheo-sin

cijferlijst (de)	성적표	seong-jeok-pyo
potlood (het)	연필	yeon-pil
gom (de)	지우개	ji-u-gae
krijt (het)	분필	bun-pil
pennendoos (de)	필통	pil-tong

boekentas (de)	책가방	chaek-ga-bang
pen (de)	펜	pen
schrift (de)	노트	no-teu
leerboek (het)	교과서	gyo-gwa-seo
passer (de)	컴퍼스	keom-peo-seu

technisch tekenen (ww)	제도하다	je-do-ha-da
technische tekening (de)	건축 도면	geon-chuk do-myeon

gedicht (het)	시	si
van buiten (bw)	외워서	oe-wo-seo
van buiten leren	암기하다	am-gi-ha-da

vakantie (de)	학교 방학	bang-hak
met vakantie zijn	방학 중이다	bang-hak jung-i-da

toets (schriftelijke ~)	필기 시험	pil-gi si-heom
opstel (het)	논술	non-sul
dictee (het)	받아쓰기 시험	ba-da-sseu-gi si-heom

examen (het)	시험	si-heom
examen afleggen	시험을 보다	si-heo-meul bo-da
experiment (het)	실험	sil-heom

95. Hogeschool. Universiteit

academie (de)	아카데미	a-ka-de-mi
universiteit (de)	대학교	dae-hak-gyo
faculteit (de)	교수진	gyo-su-jin

student (de)	대학생	dae-hak-saeng
studente (de)	여대생	yeo-dae-saeng
leraar (de)	강사	gang-sa

collegezaal (de)	교실	gyo-sil
afgestudeerde (de)	졸업생	jo-reop-saeng

diploma (het)	졸업증	jo-reop-jeung
dissertatie (de)	학위 논문	ha-gwi non-mun

onderzoek (het)	연구	yeon-gu
laboratorium (het)	연구실	yeon-gu-sil

college (het)	강의	gang-ui
medestudent (de)	대학 동급생	dae-hak dong-geup-saeng

studiebeurs (de)	장학금	jang-hak-geum
academische graad (de)	학위	ha-gwi

96. Wetenschappen. Disciplines

wiskunde (de)	수학	su-hak
algebra (de)	대수학	dae-su-hak
meetkunde (de)	기하학	gi-ha-hak
astronomie (de)	천문학	cheon-mun-hak
biologie (de)	생물학	saeng-mul-hak
geografie (de)	지리학	ji-ri-hak
geologie (de)	지질학	ji-jil-hak
geschiedenis (de)	역사학	yeok-sa-hak
geneeskunde (de)	의학	ui-hak
pedagogiek (de)	교육학	gyo-yuk-ak
rechten (mv.)	법학	beo-pak
fysica, natuurkunde (de)	물리학	mul-li-hak
scheikunde (de)	화학	hwa-hak
filosofie (de)	철학	cheol-hak
psychologie (de)	심리학	sim-ni-hak

97. Schrift. Spelling

grammatica (de)	문법	mun-beop
vocabulaire (het)	어휘	eo-hwi
fonetiek (de)	음성학	eum-seong-hak
zelfstandig naamwoord (het)	명사	myeong-sa
bijvoeglijk naamwoord (het)	형용사	hyeong-yong-sa
werkwoord (het)	동사	dong-sa
bijwoord (het)	부사	bu-sa
voornaamwoord (het)	대명사	dae-myeong-sa
tussenwerpsel (het)	감탄사	gam-tan-sa
voorzetsel (het)	전치사	jeon-chi-sa
stam (de)	어근	eo-geun
achtervoegsel (het)	어미	eo-mi
voorvoegsel (het)	접두사	jeop-du-sa
lettergreep (de)	음절	eum-jeol
achtervoegsel (het)	접미사	jeom-mi-sa
nadruk (de)	강세	gang-se
afkappingsteken (het)	아포스트로피	a-po-seu-teu-ro-pi
punt (de)	마침표	ma-chim-pyo
komma (de/het)	쉼표	swim-pyo
puntkomma (de)	세미콜론	se-mi-kol-lon
dubbelpunt (de)	콜론	kol-lon
beletselteken (het)	말줄임표	mal-ju-rim-pyo
vraagteken (het)	물음표	mu-reum-pyo
uitroepteken (het)	느낌표	neu-kkim-pyo

aanhalingstekens (mv.)	따옴표	tta-om-pyo
tussen aanhalingstekens (bw)	따옴표 안에	tta-om-pyo a-ne
haakjes (mv.)	괄호	gwal-ho
tussen haakjes (bw)	괄호 속에	gwal-ho so-ge
streepje (het)	하이픈	ha-i-peun
gedachtestreepje (het)	대시	jul-pyo
spatie	공백 문자	gong-baek mun-ja
(~ tussen twee woorden)		
letter (de)	글자	geul-ja
hoofdletter (de)	대문자	dae-mun-ja
klinker (de)	모음	mo-eum
medeklinker (de)	자음	ja-eum
zin (de)	문장	mun-jang
onderwerp (het)	주어	ju-eo
gezegde (het)	서술어	seo-su-reo
regel (in een tekst)	줄	jul
op een nieuwe regel (bw)	줄을 바꾸어	ju-reul ba-kku-eo
alinea (de)	단락	dal-lak
woord (het)	단어	dan-eo
woordgroep (de)	문구	mun-gu
uitdrukking (de)	표현	pyo-hyeon
synoniem (het)	동의어	dong-ui-eo
antoniem (het)	반의어	ban-ui-eo
regel (de)	규칙	gyu-chik
uitzondering (de)	예외	ye-oe
correct (bijv. ~e spelling)	맞는	man-neun
vervoeging, conjugatie (de)	활용	hwa-ryong
verbuiging, declinatie (de)	어형 변화	eo-hyeong byeon-hwa
naamval (de)	격	gyeok
vraag (de)	질문	jil-mun
onderstrepen (ww)	밑줄을 긋다	mit-ju-reul geut-da
stippellijn (de)	점선	jeom-seon

98. Vreemde talen

taal (de)	언어	eon-eo
vreemde taal (de)	외국어	oe-gu-geo
leren (bijv. van buiten ~)	공부하다	gong-bu-ha-da
studeren (Nederlands ~)	배우다	bae-u-da
lezen (ww)	읽다	ik-da
spreken (ww)	말하다	mal-ha-da
begrijpen (ww)	이해하다	i-hae-ha-da
schrijven (ww)	쓰다	sseu-da
snel (bw)	빨리	ppal-li
langzaam (bw)	천천히	cheon-cheon-hi

vloeiend (bw)	유창하게	yu-chang-ha-ge
regels (mv.)	규칙	gyu-chik
grammatica (de)	문법	mun-beop
vocabulaire (het)	어휘	eo-hwi
fonetiek (de)	음성학	eum-seong-hak
leerboek (het)	교과서	gyo-gwa-seo
woordenboek (het)	사전	sa-jeon
leerboek (het) voor zelfstudie	자습서	ja-seup-seo
taalgids (de)	회화집	hoe-hwa-jip
cassette (de)	테이프	te-i-peu
videocassette (de)	비디오테이프	bi-di-o-te-i-peu
CD (de)	씨디	ssi-di
DVD (de)	디비디	di-bi-di
alfabet (het)	알파벳	al-pa-bet
spellen (ww)	... 의 철자이다	... ui cheol-ja-i-da
uitspraak (de)	발음	ba-reum
accent (het)	악센트	ak-sen-teu
met een accent (bw)	사투리로	sa-tu-ri-ro
zonder accent (bw)	억양 없이	eo-gyang eop-si
woord (het)	단어	dan-eo
betekenis (de)	의미	ui-mi
cursus (de)	강좌	gang-jwa
zich inschrijven (ww)	등록하다	deung-nok-a-da
leraar (de)	강사	gang-sa
vertaling (een ~ maken)	번역	beo-nyeok
vertaling (tekst)	번역	beo-nyeok
vertaler (de)	번역가	beo-nyeok-ga
tolk (de)	통역가	tong-yeok-ga
polyglot (de)	수개 국어를 말하는 사람	su-gae gu-geo-reul mal-ha-neun sa-ram
geheugen (het)	기억력	gi-eong-nyeok

Rusten. Entertainment. Reizen

99. Trip. Reizen

toerisme (het)	관광	gwan-gwang
toerist (de)	관광객	gwan-gwang-gaek
reis (de)	여행	yeo-haeng
avontuur (het)	모험	mo-heom
tocht (de)	여행	yeo-haeng
vakantie (de)	휴가	hyu-ga
met vakantie zijn	휴가 중이다	hyu-ga jung-i-da
rust (de)	휴양	hyu-yang
trein (de)	기차	gi-cha
met de trein	기차로	gi-cha-ro
vliegtuig (het)	비행기	bi-haeng-gi
met het vliegtuig	비행기로	bi-haeng-gi-ro
met de auto	자동차로	ja-dong-cha-ro
per schip (bw)	배로	bae-ro
bagage (de)	짐, 수하물	jim, su-ha-mul
valies (de)	여행 가방	yeo-haeng ga-bang
bagagekarretje (het)	수하물 카트	su-ha-mul ka-teu
paspoort (het)	여권	yeo-gwon
visum (het)	비자	bi-ja
kaartje (het)	표	pyo
vliegticket (het)	비행기표	bi-haeng-gi-pyo
reisgids (de)	여행 안내서	yeo-haeng an-nae-seo
kaart (de)	지도	ji-do
gebied (landelijk ~)	지역	ji-yeok
plaats (de)	곳	got
exotische bestemming (de)	이국	i-guk
exotisch (bn)	이국적인	i-guk-jeo-gin
verwonderlijk (bn)	놀라운	nol-la-un
groep (de)	무리	mu-ri
rondleiding (de)	견학, 관광	gyeon-hak, gwan-gwang
gids (de)	가이드	ga-i-deu

100. Hotel

motel (het)	모텔	mo-tel
3-sterren	3성급	sam-seong-geub
5-sterren	5성급	o-seong-geub

overnachten (ww)	머무르다	meo-mu-reu-da
kamer (de)	객실	gaek-sil
eenpersoonskamer (de)	일인실	i-rin-sil
tweepersoonskamer (de)	더블룸	deo-beul-lum
een kamer reserveren	방을 예약하다	bang-eul rye-yak-a-da
halfpension (het)	하숙	ha-suk
volpension (het)	식사 제공	sik-sa je-gong
met badkamer	욕조가 있는	yok-jo-ga in-neun
met douche	샤워가 있는	sya-wo-ga in-neun
satelliet-tv (de)	위성 텔레비전	wi-seong tel-le-bi-jeon
airconditioner (de)	에어컨	e-eo-keon
handdoek (de)	수건	su-geon
sleutel (de)	열쇠	yeol-soe
administrateur (de)	관리자	gwal-li-ja
kamermeisje (het)	객실 청소부	gaek-sil cheong-so-bu
piccolo (de)	포터	po-teo
portier (de)	도어맨	do-eo-maen
restaurant (het)	레스토랑	re-seu-to-rang
bar (de)	바	ba
ontbijt (het)	아침식사	a-chim-sik-sa
avondeten (het)	저녁식사	jeo-nyeok-sik-sa
buffet (het)	뷔페	bwi-pe
hal (de)	로비	ro-bi
lift (de)	엘리베이터	el-li-be-i-teo
NIET STOREN	방해하지 마세요	bang-hae-ha-ji ma-se-yo
VERBODEN TE ROKEN!	금연	geu-myeon

TECHNISCHE APPARATUUR. VERVOER

Technische apparatuur

101. Computer

computer (de)	컴퓨터	keom-pyu-teo
laptop (de)	노트북	no-teu-buk
aanzetten (ww)	켜다	kyeo-da
uitzetten (ww)	끄다	kkeu-da
toetsenbord (het)	키보드	ki-bo-deu
toets (enter~)	키	ki
muis (de)	마우스	ma-u-seu
muismat (de)	마우스 패드	ma-u-seu pae-deu
knopje (het)	버튼	beo-teun
cursor (de)	커서	keo-seo
monitor (de)	모니터	mo-ni-teo
scherm (het)	화면, 스크린	hwa-myeon
harde schijf (de)	하드 디스크	ha-deu di-seu-keu
volume (het) van de harde schijf	하드 디스크 용량	ha-deu di-seu-keu yong-nyang
geheugen (het)	메모리	me-mo-ri
RAM-geheugen (het)	램	raem
bestand (het)	파일	pa-il
folder (de)	폴더	pol-deo
openen (ww)	열다	yeol-da
sluiten (ww)	닫다	dat-da
opslaan (ww)	저장하다	jeo-jang-ha-da
verwijderen (wissen)	삭제하다	sak-je-ha-da
kopiëren (ww)	복사하다	bok-sa-ha-da
sorteren (ww)	정렬하다	jeong-nyeol-ha-da
overplaatsen (ww)	전송하다	jeon-song-ha-da
programma (het)	프로그램	peu-ro-geu-raem
software (de)	소프트웨어	so-peu-teu-we-eo
programmeur (de)	프로그래머	peu-ro-geu-rae-meo
programmeren (ww)	프로그램을 작성하다	peu-ro-geu-rae-meul jak-seong-ha-da
hacker (computerkraker)	해커	hae-keo
wachtwoord (het)	비밀번호	bi-mil-beon-ho
virus (het)	바이러스	ba-i-reo-seu

ontdekken (virus ~)	발견하다	bal-gyeon-ha-da
byte (de)	바이트	ba-i-teu
megabyte (de)	메가바이트	me-ga-ba-i-teu
data (de)	데이터	de-i-teo
databank (de)	데이터베이스	de-i-teo-be-i-seu
kabel (USB-~, enz.)	케이블	ke-i-beul
afsluiten (ww)	연결해제하다	yeon-gyeol-hae-je-ha-da
aansluiten op (ww)	연결하다	yeon-gyeol-ha-da

102. Internet. E-mail

internet (het)	인터넷	in-teo-net
browser (de)	브라우저	beu-ra-u-jeo
zoekmachine (de)	검색 엔진	geom-saek gen-jin
internetprovider (de)	인터넷 서비스 제공자	in-teo-net seo-bi-seu je-gong-ja
webmaster (de)	웹마스터	wem-ma-seu-teo
website (de)	웹사이트	wep-sa-i-teu
webpagina (de)	웹페이지	wep-pe-i-ji
adres (het)	주소	ju-so
adresboek (het)	주소록	ju-so-rok
postvak (het)	우편함	u-pyeon-ham
post (de)	메일	me-il
bericht (het)	메시지	me-si-ji
verzender (de)	발송인	bal-song-in
verzenden (ww)	보내다	bo-nae-da
verzending (de)	발송	bal-song
ontvanger (de)	수신인	su-sin-in
ontvangen (ww)	받다	bat-da
correspondentie (de)	서신 교환	seo-sin gyo-hwan
corresponderen (met ...)	편지를 주고 받다	pyeon-ji-reul ju-go bat-da
bestand (het)	파일	pa-il
downloaden (ww)	다운받다	da-un-bat-da
creëren (ww)	창조하다	chang-jo-ha-da
verwijderen (een bestand ~)	삭제하다	sak-je-ha-da
verwijderd (bn)	삭제된	sak-je-doen
verbinding (de)	연결	yeon-gyeol
snelheid (de)	속도	sok-do
toegang (de)	접속	jeop-sok
poort (de)	포트	po-teu
aansluiting (de)	연결	yeon-gyeol
zich aansluiten (ww)	... 에 연결하다	... e yeon-gyeol-ha-da
selecteren (ww)	선택하다	seon-taek-a-da
zoeken (ww)	... 를 검색하다	... reul geom-saek-a-da

103. Elektriciteit

elektriciteit (de)	전기	jeon-gi
elektrisch (bn)	전기의	jeon-gi-ui
elektriciteitscentrale (de)	발전소	bal-jeon-so
energie (de)	에너지	e-neo-ji
elektrisch vermogen (het)	전력	jeol-lyeok
lamp (de)	전구	jeon-gu
zaklamp (de)	손전등	son-jeon-deung
straatlantaarn (de)	가로등	ga-ro-deung
licht (elektriciteit)	전깃불	jeon-git-bul
aandoen (ww)	켜다	kyeo-da
uitdoen (ww)	끄다	kkeu-da
het licht uitdoen	불을 끄다	bu-reul kkeu-da
doorbranden (gloeilamp)	끊어지다	kkeu-neo-ji-da
kortsluiting (de)	쇼트	syo-teu
onderbreking (de)	절단	jeol-dan
contact (het)	접촉	jeop-chok
schakelaar (de)	스위치	seu-wi-chi
stopcontact (het)	소켓	so-ket
stekker (de)	플러그	peul-leo-geu
verlengsnoer (de)	연장 코드	yeon-jang ko-deu
zekering (de)	퓨즈	pyu-jeu
kabel (de)	전선	jeon-seon
bedrading (de)	배선	bae-seon
ampère (de)	암페어	am-pe-eo
stroomsterkte (de)	암페어수	am-pe-eo-su
volt (de)	볼트	bol-teu
spanning (de)	전압	jeon-ap
elektrisch toestel (het)	전기기구	jeon-gi-gi-gu
indicator (de)	센서	sen-seo
electricien (de)	전기 기사	jeon-gi gi-sa
solderen (ww)	납땜하다	nap-ttaem-ha-da
soldeerbout (de)	납땜인두	nap-ttaem-in-du
stroom (de)	전류	jeol-lyu

104. Gereedschappen

werktuig (stuk gereedschap)	공구	gong-gu
gereedschap (het)	공구	gong-gu
uitrusting (de)	장비	jang-bi
hamer (de)	망치	mang-chi
schroevendraaier (de)	나사돌리개	na-sa-dol-li-gae
bijl (de)	도끼	do-kki

zaag (de)	톱	top
zagen (ww)	톱을 켜다	to-beul kyeo-da
schaaf (de)	대패	dae-pae
schaven (ww)	대패질하다	dae-pae-jil-ha-da
soldeerbout (de)	납땜인두	nap-ttaem-in-du
solderen (ww)	납땜하다	nap-ttaem-ha-da
vijl (de)	줄	jul
nijptang (de)	집게	jip-ge
combinatietang (de)	펜치	pen-chi
beitel (de)	끌	kkeul
boorkop (de)	드릴 비트	deu-ril bi-teu
boormachine (de)	전동 드릴	jeon-dong deu-ril
boren (ww)	뚫다	ttul-ta
mes (het)	칼, 나이프	kal, na-i-peu
zakmes (het)	주머니칼	ju-meo-ni-kal
knip- (abn)	접이식의	jeo-bi-si-gui
lemmet (het)	칼날	kal-lal
scherp (bijv. ~ mes)	날카로운	nal-ka-ro-un
bot (bn)	무딘	mu-din
bot raken (ww)	무뎌지다	mu-dyeo-ji-da
slijpen (een mes ~)	갈다	gal-da
bout (de)	볼트	bol-teu
moer (de)	너트	neo-teu
schroefdraad (de)	나사산	na-sa-san
houtschroef (de)	나사못	na-sa-mot
nagel (de)	못	mot
kop (de)	못대가리	mot-dae-ga-ri
liniaal (de/het)	자	ja
rolmeter (de)	줄자	jul-ja
waterpas (de/het)	수준기	su-jun-gi
loep (de)	돋보기	dot-bo-gi
meetinstrument (het)	계측기	gye-cheuk-gi
opmeten (ww)	측정하다	cheuk-jeong-ha-da
schaal (meetschaal)	눈금	nun-geum
gegevens (mv.)	판독값	pan-dok-gap
compressor (de)	컴프레서	keom-peu-re-seo
microscoop (de)	현미경	hyeon-mi-gyeong
pomp (de)	펌프	peom-peu
robot (de)	로봇	ro-bot
laser (de)	레이저	re-i-jeo
moersleutel (de)	스패너	seu-pae-neo
plakband (de)	스카치 테이프	seu-ka-chi te-i-peu
lijm (de)	접착제	jeop-chak-je
schuurpapier (het)	사포	sa-po
magneet (de)	자석	ja-seok

handschoenen (mv.)	장갑	jang-gap
touw (bijv. henneptouw)	밧줄	bat-jul
snoer (het)	끈	kkeun
draad (de)	전선	jeon-seon
kabel (de)	케이블	ke-i-beul
moker (de)	슬레지해머	seul-le-ji-hae-meo
breekijzer (het)	쇠지레	soe-ji-re
ladder (de)	사다리	sa-da-ri
trapje (inklapbaar ~)	접사다리	jeop-sa-da-ri
aanschroeven (ww)	돌려서 조이다	dol-lyeo-seo jo-i-da
losschroeven (ww)	열리다	yeol-li-da
dichtpersen (ww)	조이다	jo-i-da
vastlijmen (ww)	붙이다	bu-chi-da
snijden (ww)	자르다	ja-reu-da
defect (het)	고장	go-jang
reparatie (de)	수리	su-ri
repareren (ww)	보수하다	bo-su-ha-da
regelen (een machine ~)	조절하다	jo-jeol-ha-da
nakijken (ww)	확인하다	hwa-gin-ha-da
controle (de)	확인	hwa-gin
gegevens (mv.)	판독값	pan-dok-gap
degelijk (bijv. ~ machine)	믿을 만한	mi-deul man-han
ingewikkeld (bn)	복잡한	bok-ja-pan
roesten (ww)	녹이 슬다	no-gi seul-da
roestig (bn)	녹이 슨	no-gi seun
roest (de/het)	녹	nok

Vervoer

105. Vliegtuig

vliegtuig (het)	비행기	bi-haeng-gi
vliegticket (het)	비행기표	bi-haeng-gi-pyo
luchtvaartmaatschappij (de)	항공사	hang-gong-sa
luchthaven (de)	공항	gong-hang
supersonisch (bn)	초음속의	cho-eum-so-gui
piloot (de)	비행사	bi-haeng-sa
stewardess (de)	승무원	seung-mu-won
stuurman (de)	항법사	hang-beop-sa
vleugels (mv.)	날개	nal-gae
staart (de)	꼬리	kko-ri
cabine (de)	조종석	jo-jong-seok
motor (de)	엔진	en-jin
landingsgestel (het)	착륙 장치	chang-nyuk jang-chi
turbine (de)	터빈	teo-bin
propeller (de)	추진기	chu-jin-gi
zwarte doos (de)	블랙박스	beul-laek-bak-seu
stuur (het)	조종간	jo-jong-gan
brandstof (de)	연료	yeol-lyo
veiligheidskaart (de)	안전 안내서	an-jeon an-nae-seo
zuurstofmasker (het)	산소 마스크	san-so ma-seu-keu
uniform (het)	제복	je-bok
reddingsvest (de)	구명조끼	gu-myeong-jo-kki
parachute (de)	낙하산	nak-a-san
opstijgen (het)	이륙	i-ryuk
opstijgen (ww)	이륙하다	i-ryuk-a-da
startbaan (de)	활주로	hwal-ju-ro
zicht (het)	시계	si-gye
vlucht (de)	비행	bi-haeng
hoogte (de)	고도	go-do
luchtzak (de)	에어 포켓	e-eo po-ket
plaats (de)	자리	ja-ri
koptelefoon (de)	헤드폰	he-deu-pon
tafeltje (het)	접는 테이블	jeom-neun te-i-beul
venster (het)	창문	chang-mun
gangpad (het)	통로	tong-no

106. Trein

trein (de)	기차, 열차	gi-cha, nyeol-cha
elektrische trein (de)	통근 열차	tong-geun nyeol-cha
sneltrein (de)	급행 열차	geu-paeng yeol-cha
diesellocomotief (de)	디젤 기관차	di-jel gi-gwan-cha
locomotief (de)	증기 기관차	jeung-gi gi-gwan-cha
rijtuig (het)	객차	gaek-cha
restauratierijtuig (het)	식당차	sik-dang-cha
rails (mv.)	레일	re-il
spoorweg (de)	철도	cheol-do
dwarsligger (de)	침목	chim-mok
perron (het)	플랫폼	peul-laet-pom
spoor (het)	길	gil
semafoor (de)	신호기	sin-ho-gi
halte (bijv. kleine treinhalte)	역	yeok
machinist (de)	기관사	gi-gwan-sa
kruier (de)	포터	po-teo
conducteur (de)	차장	cha-jang
passagier (de)	승객	seung-gaek
controleur (de)	검표원	geom-pyo-won
gang (in een trein)	통로	tong-no
noodrem (de)	비상 브레이크	bi-sang beu-re-i-keu
coupé (de)	침대차	chim-dae-cha
bed (slaapplaats)	침대	chim-dae
bovenste bed (het)	윗침대	wit-chim-dae
onderste bed (het)	아래 침대	a-rae chim-dae
beddengoed (het)	침구	chim-gu
kaartje (het)	표	pyo
dienstregeling (de)	시간표	si-gan-pyo
informatiebord (het)	안내 전광판	an-nae jeon-gwang-pan
vertrekken (De trein vertrekt ...)	떠난다	tteo-na-da
vertrek (ov. een trein)	출발	chul-bal
aankomen (ov. de treinen)	도착하다	do-chak-a-da
aankomst (de)	도착	do-chak
aankomen per trein	기차로 도착하다	gi-cha-ro do-chak-a-da
in de trein stappen	기차에 타다	gi-cha-e ta-da
uit de trein stappen	기차에서 내리다	gi-cha-e-seo nae-ri-da
treinwrak (het)	기차 사고	gi-cha sa-go
locomotief (de)	증기 기관차	jeung-gi gi-gwan-cha
stoker (de)	화부	hwa-bu
stookplaats (de)	화실	hwa-sil
steenkool (de)	석탄	seok-tan

107. Schip

schip (het)	배	bae
vaartuig (het)	배	bae
stoomboot (de)	증기선	jeung-gi-seon
motorschip (het)	강배	gang-bae
lijnschip (het)	크루즈선	keu-ru-jeu-seon
kruiser (de)	순양함	su-nyang-ham
jacht (het)	요트	yo-teu
sleepboot (de)	예인선	ye-in-seon
zeilboot (de)	범선	beom-seon
brigantijn (de)	쌍돛대 범선	ssang-dot-dae beom-seon
IJsbreker (de)	쇄빙선	swae-bing-seon
duikboot (de)	잠수함	jam-su-ham
boot (de)	보트	bo-teu
sloep (de)	종선	jong-seon
reddingssloep (de)	구조선	gu-jo-seon
motorboot (de)	모터보트	mo-teo-bo-teu
kapitein (de)	선장	seon-jang
zeeman (de)	수부	su-bu
matroos (de)	선원	seon-won
bemanning (de)	승무원	seung-mu-won
bootsman (de)	갑판장	gap-pan-jang
kok (de)	요리사	yo-ri-sa
scheepsarts (de)	선의	seon-ui
dek (het)	갑판	gap-pan
mast (de)	돛대	dot-dae
zeil (het)	돛	dot
ruim (het)	화물칸	hwa-mul-kan
voorsteven (de)	이물	i-mul
achtersteven (de)	고물	go-mul
roeispaan (de)	노	no
schroef (de)	스크루	seu-keu-ru
kajuit (de)	선실	seon-sil
officierskamer (de)	사관실	sa-gwan-sil
machinekamer (de)	엔진실	en-jin-sil
radiokamer (de)	무전실	mu-jeon-sil
radiogolf (de)	전파	jeon-pa
verrekijker (de)	망원경	mang-won-gyeong
klok (de)	종	jong
vlag (de)	기	gi
kabel (de)	밧줄	bat-jul
knoop (de)	매듭	mae-deup

trapleuning (de)	난간	nan-gan
trap (de)	사다리	sa-da-ri
anker (het)	닻	dat
het anker lichten	닻을 올리다	da-cheul rol-li-da
het anker neerlaten	닻을 내리다	da-cheul lae-ri-da
ankerketting (de)	닻줄	dat-jul
haven (bijv. containerhaven)	항구	hang-gu
kaai (de)	부두	bu-du
aanleggen (ww)	정박시키다	jeong-bak-si-ki-da
wegvaren (ww)	출항하다	chul-hang-ha-da
reis (de)	여행	yeo-haeng
cruise (de)	크루즈	keu-ru-jeu
koers (de)	항로	hang-no
route (de)	노선	no-seon
vaarwater (het)	항로	hang-no
zandbank (de)	얕은 곳	ya-teun got
stranden (ww)	좌초하다	jwa-cho-ha-da
storm (de)	폭풍우	pok-pung-u
signaal (het)	신호	sin-ho
zinken (ov. een boot)	가라앉다	ga-ra-an-da
SOS (noodsignaal)	조난 신호	jo-nan sin-ho
reddingsboei (de)	구명부환	gu-myeong-bu-hwan

108. Vliegveld

luchthaven (de)	공항	gong-hang
vliegtuig (het)	비행기	bi-haeng-gi
luchtvaartmaatschappij (de)	항공사	hang-gong-sa
luchtverkeersleider (de)	관제사	gwan-je-sa
vertrek (het)	출발	chul-bal
aankomst (de)	도착	do-chak
aankomen (per vliegtuig)	도착하다	do-chak-a-da
vertrektijd (de)	출발시간	chul-bal-si-gan
aankomstuur (het)	도착시간	do-chak-si-gan
vertraagd zijn (ww)	연기되다	yeon-gi-doe-da
vluchtvertraging (de)	항공기 지연	hang-gong-gi ji-yeon
informatiebord (het)	안내 전광판	an-nae jeon-gwang-pan
informatie (de)	정보	jeong-bo
aankondigen (ww)	알리다	al-li-da
vlucht (bijv. KLM ~)	비행편	bi-haeng-pyeon
douane (de)	세관	se-gwan
douanier (de)	세관원	se-gwan-won
douaneaangifte (de)	세관신고서	se-gwan-sin-go-seo
een douaneaangifte invullen	세관 신고서를 작성하다	se-gwan sin-go-seo-reul jak-seong-ha-da

paspoortcontrole (de)	여권 검사	yeo-gwon geom-sa
bagage (de)	짐, 수하물	jim, su-ha-mul
handbagage (de)	휴대 가능 수하물	hyu-dae ga-neung su-ha-mul
bagagekarretje (het)	수하물 카트	su-ha-mul ka-teu
landing (de)	착륙	chang-nyuk
landingsbaan (de)	활주로	hwal-ju-ro
landen (ww)	착륙하다	chang-nyuk-a-da
vliegtuigtrap (de)	승강계단	seung-gang-gye-dan
inchecken (het)	체크인	che-keu-in
incheckbalie (de)	체크인 카운터	che-keu-in ka-un-teo
inchecken (ww)	체크인하다	che-keu-in-ha-da
instapkaart (de)	탑승권	tap-seung-gwon
gate (de)	탑승구	tap-seung-gu
transit (de)	트랜싯, 환승	teu-raen-sit, hwan-seung
wachten (ww)	기다리다	gi-da-ri-da
wachtzaal (de)	공항 라운지	gong-hang na-un-ji
begeleiden (uitwuiven)	배웅하다	bae-ung-ha-da
afscheid nemen (ww)	작별인사를 하다	jak-byeo-rin-sa-reul ha-da

Gebeurtenissen in het leven

109. Vakanties. Evenement

feest (het)	휴일	hyu-il
nationale feestdag (de)	국경일	guk-gyeong-il
feestdag (de)	공휴일	gong-hyu-il
herdenken (ww)	기념하다	gi-nyeom-ha-da
gebeurtenis (de)	사건	sa-geon
evenement (het)	이벤트	i-ben-teu
banket (het)	연회	yeon-hoe
receptie (de)	리셉션	ri-sep-syeon
feestmaal (het)	연회	yeon-hoe
verjaardag (de)	기념일	gi-nyeom-il
jubileum (het)	기념일	gi-nyeom-il
vieren (ww)	경축하다	gyeong-chuk-a-da
Nieuwjaar (het)	새해	sae-hae
Gelukkig Nieuwjaar!	새해 복 많이 받으세요!	sae-hae bok ma-ni ba-deu-se-yo!
Sinterklaas (de)	산타클로스	san-ta-keul-lo-seu
Kerstfeest (het)	크리스마스	keu-ri-seu-ma-seu
Vrolijk kerstfeest!	성탄을 축하합니다!	seong-ta-neul chuk-a-ham-ni-da!
kerstboom (de)	크리스마스트리	keu-ri-seu-ma-seu-teu-ri
vuurwerk (het)	불꽃놀이	bul-kkon-no-ri
bruiloft (de)	결혼식	gyeol-hon-sik
bruidegom (de)	신랑	sil-lang
bruid (de)	신부	sin-bu
uitnodigen (ww)	초대하다	cho-dae-ha-da
uitnodiging (de)	초대장	cho-dae-jang
gast (de)	손님	son-nim
op bezoek gaan	방문하다	bang-mun-ha-da
gasten verwelkomen	손님을 맞이하다	son-ni-meul ma-ji-ha-da
geschenk, cadeau (het)	선물	seon-mul
geven (iets cadeau ~)	선물 하다	seon-mul ha-da
geschenken ontvangen	선물 받다	seon-mul bat-da
boeket (het)	꽃다발	kkot-da-bal
felicitaties (mv.)	축하를	chuk-a-reul
feliciteren (ww)	축하하다	chuk-a-ha-da
wenskaart (de)	축하 카드	chuk-a ka-deu
een kaartje versturen	카드를 보내다	ka-deu-reul bo-nae-da

een kaartje ontvangen	카드 받다	ka-deu bat-da
toast (de)	축배	chuk-bae
aanbieden (een drankje ~)	대접하다	dae-jeo-pa-da
champagne (de)	샴페인	syam-pe-in
plezier hebben (ww)	즐기다	jeul-gi-da
plezier (het)	즐거움	jeul-geo-um
vreugde (de)	기쁜, 즐거움	gi-ppeun, jeul-geo-um
dans (de)	춤	chum
dansen (ww)	춤추다	chum-chu-da
wals (de)	왈츠	wal-cheu
tango (de)	탱고	taeng-go

110. Begrafenissen. Begrafenis

kerkhof (het)	묘지	myo-ji
graf (het)	무덤	mu-deom
kruis (het)	십자가	sip-ja-ga
grafsteen (de)	묘석	myo-seok
omheining (de)	울타리	ul-ta-ri
kapel (de)	채플	chae-peul
dood (de)	죽음	ju-geum
sterven (ww)	죽다	juk-da
overledene (de)	고인	go-in
rouw (de)	상	sang
begraven (ww)	묻다	mut-da
begrafenisonderneming (de)	장례식장	jang-nye-sik-jang
begrafenis (de)	장례식	jang-nye-sik
krans (de)	화환	hwa-hwan
doodskist (de)	관	gwan
lijkwagen (de)	영구차	yeong-gu-cha
lijkkleed (de)	수의	su-ui
urn (de)	유골 단지	yu-gol dan-ji
crematorium (het)	화장장	hwa-jang-jang
overlijdensbericht (het)	부고	bu-go
huilen (wenen)	울다	ul-da
snikken (huilen)	흐느껴 울다	heu-neu-kkyeo ul-da

111. Oorlog. Soldaten

peloton (het)	소대	so-dae
compagnie (de)	중대	jung-dae
regiment (het)	연대	yeon-dae
leger (armee)	군대	gun-dae
divisie (de)	사단	sa-dan

sectie (de)	분대	bun-dae
troep (de)	군대	gun-dae
soldaat (militair)	군인	gun-in
officier (de)	장교	jang-gyo
soldaat (rang)	일병	il-byeong
sergeant (de)	병장	byeong-jang
luitenant (de)	중위	jung-wi
kapitein (de)	대위	dae-wi
majoor (de)	소령	so-ryeong
kolonel (de)	대령	dae-ryeong
generaal (de)	장군	jang-gun
matroos (de)	선원	seon-won
kapitein (de)	대위	dae-wi
bootsman (de)	갑판장	gap-pan-jang
artillerist (de)	포병	po-byeong
valschermjager (de)	낙하산 부대원	nak-a-san bu-dae-won
piloot (de)	조종사	jo-jong-sa
stuurman (de)	항법사	hang-beop-sa
mecanicien (de)	정비공	jeong-bi-gong
sappeur (de)	공병대원	gong-byeong-dae-won
parachutist (de)	낙하산병	nak-a-san-byeong
verkenner (de)	정찰대	jeong-chal-dae
scherpschutter (de)	저격병	jeo-gyeok-byeong
patrouille (de)	순찰	sun-chal
patrouilleren (ww)	순찰하다	sun-chal-ha-da
wacht (de)	경비병	gyeong-bi-byeong
krijger (de)	전사	jeon-sa
held (de)	영웅	yeong-ung
heldin (de)	여걸	yeo-geol
patriot (de)	애국자	ae-guk-ja
verrader (de)	매국노	mae-gung-no
deserteur (de)	탈영병	ta-ryeong-byeong
deserteren (ww)	탈영하다	ta-ryeong-ha-da
huurling (de)	용병	yong-byeong
rekruut (de)	훈련병	hul-lyeon-byeong
vrijwilliger (de)	지원병	ji-won-byeong
gedode (de)	사망자	sa-mang-ja
gewonde (de)	부상자	bu-sang-ja
krijgsgevangene (de)	포로	po-ro

112. Oorlog. Militaire acties. Deel 1

oorlog (de)	전쟁	jeon-jaeng
oorlog voeren (ww)	참전하다	cham-jeon-ha-da

burgeroorlog (de)	내전	nae-jeon
achterbaks (bw)	비겁하게	bi-geo-pa-ge
oorlogsverklaring (de)	선전 포고	seon-jeon po-go
verklaren (de oorlog ~)	선포하다	seon-po-ha-da
agressie (de)	침략	chim-nyak
aanvallen (binnenvallen)	공격하다	gong-gyeo-ka-da
binnenvallen (ww)	침략하다	chim-nyak-a-da
invaller (de)	침략자	chim-nyak-ja
veroveraar (de)	정복자	jeong-bok-ja
verdediging (de)	방어	bang-eo
verdedigen (je land ~)	방어하다	bang-eo-ha-da
zich verdedigen (ww)	··· 를 방어하다	... reul bang-eo-ha-da
vijand (de)	적	jeok
tegenstander (de)	원수	won-su
vijandelijk (bn)	적의	jeo-gui
strategie (de)	전략	jeol-lyak
tactiek (de)	전술	jeon-sul
order (de)	명령	myeong-nyeong
bevel (het)	명령	myeong-nyeong
bevelen (ww)	명령하다	myeong-nyeong-ha-da
opdracht (de)	임무	im-mu
geheim (bn)	비밀의	bi-mi-rui
slag (de)	전투	jeon-tu
veldslag (de)	전투	jeon-tu
strijd (de)	전투	jeon-tu
aanval (de)	공격	gong-gyeok
bestorming (de)	돌격	dol-gyeok
bestormen (ww)	습격하다	seup-gyeok-a-da
bezetting (de)	포위 공격	po-wi gong-gyeok
aanval (de)	공세	gong-se
in het offensief te gaan	공격하다	gong-gyeo-ka-da
terugtrekking (de)	퇴각	toe-gak
zich terugtrekken (ww)	퇴각하다	toe-gak-a-da
omsingeling (de)	포위	po-wi
omsingelen (ww)	둘러싸다	dul-leo-ssa-da
bombardement (het)	폭격	pok-gyeok
een bom gooien	폭탄을 투하하다	pok-ta-neul tu-ha-ha-da
bombarderen (ww)	폭격하다	pok-gyeok-a-da
ontploffing (de)	폭발	pok-bal
schot (het)	발포	bal-po
een schot lossen	쏘다	sso-da
schieten (het)	사격	sa-gyeok
mikken op (ww)	겨냥대다	gyeo-nyang-dae-da
aanleggen (een wapen ~)	총을 겨누다	chong-eul gyeo-nu-da

treffen (doelwit ~)	맞히다	ma-chi-da
zinken (tot zinken brengen)	가라앉히다	ga-ra-an-chi-da
kogelgat (het)	구멍	gu-meong
zinken (gezonken zijn)	가라앉히다	ga-ra-an-chi-da
front (het)	전선	jeon-seon
evacuatie (de)	철수	cheol-su
evacueren (ww)	대피시키다	dae-pi-si-ki-da
loopgraaf (de)	참호	cham-ho
prikkeldraad (de)	가시철사	ga-si-cheol-sa
verdedigingsobstakel (het)	장애물	jang-ae-mul
wachttoren (de)	감시탑	gam-si-tap
hospitaal (het)	군 병원	gun byeong-won
verwonden (ww)	부상을 입히다	bu-sang-eul ri-pi-da
wond (de)	부상	bu-sang
gewonde (de)	부상자	bu-sang-ja
gewond raken (ww)	부상을 입다	bu-sang-eul rip-da
ernstig (~e wond)	심각한	sim-gak-an

113. Oorlog. Militaire acties. Deel 2

krijgsgevangenschap (de)	사로잡힘	sa-ro-ja-pim
krijgsgevangen nemen	포로로 하다	po-ro-ro ha-da
krijgsgevangene zijn	사로잡히어	sa-ro-ja-pi-eo
krijgsgevangen genomen worden	포로가 되다	po-ro-ga doe-da
concentratiekamp (het)	강제 수용소	gang-je su-yong-so
krijgsgevangene (de)	포로	po-ro
vluchten (ww)	탈출하다	tal-chul-ha-da
verraden (ww)	팔아먹다	pa-ra-meok-da
verrader (de)	배반자	bae-ban-ja
verraad (het)	배반	bae-ban
fusilleren (executeren)	총살하다	chong-sal-ha-da
executie (de)	총살형	chong-sal-hyeong
uitrusting (de)	군장	gun-jang
schouderstuk (het)	계급 견장	gye-geup gyeon-jang
gasmasker (het)	가스 마스크	ga-seu ma-seu-keu
portofoon (de)	군용무전기	gu-nyong-mu-jeon-gi
geheime code (de)	암호	am-ho
samenzwering (de)	비밀 유지	bi-mil ryu-ji
wachtwoord (het)	비밀번호	bi-mil-beon-ho
mijn (landmijn)	지뢰	ji-roe
ondermijnen (legden mijnen)	지뢰를 매설하다	ji-roe-reul mae-seol-ha-da
mijnenveld (het)	지뢰밭	ji-roe-bat
luchtalarm (het)	공습 경보	gong-seup gyeong-bo
alarm (het)	경보	gyeong-bo

signaal (het)	신호	sin-ho
vuurpijl (de)	신호탄	sin-ho-tan
staf (generale ~)	본부	bon-bu
verkenningstocht (de)	정찰	jeong-chal
toestand (de)	정세	jeong-se
rapport (het)	보고	bo-go
hinderlaag (de)	기습	gi-seup
versterking (de)	강화	gang-hwa
doel (bewegend ~)	과녁	gwa-nyeok
proefterrein (het)	성능 시험장	seong-neung si-heom-jang
manoeuvres (mv.)	군사 훈련	gun-sa hul-lyeon
paniek (de)	공황	gong-hwang
verwoesting (de)	파멸	pa-myeol
verwoestingen (mv.)	파괴	pa-goe
verwoesten (ww)	파괴하다	pa-goe-ha-da
overleven (ww)	살아남다	sa-ra-nam-da
ontwapenen (ww)	무장해제하다	mu-jang-hae-je-ha-da
behandelen (een pistool ~)	다루다	da-ru-da
Geeft acht!	차려!	cha-ryeo!
Op de plaats rust!	쉬어!	swi-eo!
heldendaad (de)	무훈	mu-hun
eed (de)	맹세	maeng-se
zweren (een eed doen)	맹세하다	maeng-se-ha-da
decoratie (de)	훈장	hun-jang
onderscheiden (een ereteken geven)	훈장을 주다	hun-jang-eul ju-da
medaille (de)	메달	me-dal
orde (de)	훈장	hun-jang
overwinning (de)	승리	seung-ni
verlies (het)	패배	pae-bae
wapenstilstand (de)	휴전	hyu-jeon
wimpel (vaandel)	기	gi
roem (de)	영광	yeong-gwang
parade (de)	퍼레이드	peo-re-i-deu
marcheren (ww)	행진하다	haeng-jin-ha-da

114. Wapens

wapens (mv.)	무기	mu-gi
vuurwapens (mv.)	화기	hwa-gi
chemische wapens (mv.)	화학 병기	hwa-hak byeong-gi
kern-, nucleair (bn)	핵의	hae-gui
kernwapens (mv.)	핵무기	haeng-mu-gi
bom (de)	폭탄	pok-tan

atoombom (de)	원자폭탄	won-ja-pok-tan
pistool (het)	권총	gwon-chong
geweer (het)	장총	jang-chong
machinepistool (het)	기관단총	gi-gwan-dan-chong
machinegeweer (het)	기관총	gi-gwan-chong
loop (schietbuis)	총구	chong-gu
loop (bijv. geweer met kortere ~)	총열	chong-yeol
kaliber (het)	구경	gu-gyeong
trekker (de)	방아쇠	bang-a-soe
korrel (de)	가늠자	ga-neum-ja
geweerkolf (de)	개머리	gae-meo-ri
granaat (handgranaat)	수류탄	su-ryu-tan
explosieven (mv.)	폭약	po-gyak
kogel (de)	총알	chong-al
patroon (de)	탄약통	ta-nyak-tong
lading (de)	화약	hwa-yak
ammunitie (de)	탄약	ta-nyak
bommenwerper (de)	폭격기	pok-gyeok-gi
straaljager (de)	전투기	jeon-tu-gi
helikopter (de)	헬리콥터	hel-li-kop-teo
afweergeschut (het)	대공포	dae-gong-po
tank (de)	전차	jeon-cha
artillerie (de)	대포	dae-po
kanon (het)	대포	dae-po
aanleggen (een wapen ~)	총을 겨누다	chong-eul gyeo-nu-da
projectiel (het)	탄피	tan-pi
mortiergranaat (de)	박격포탄	bak-gyeok-po-tan
mortier (de)	박격포	bak-gyeok-po
granaatscherf (de)	포탄파편	po-tan-pa-pyeon
duikboot (de)	잠수함	jam-su-ham
torpedo (de)	어뢰	eo-roe
raket (de)	미사일	mi-sa-il
laden (geweer, kanon)	장탄하다	jang-tan-ha-da
schieten (ww)	쏘다	sso-da
richten op (mikken)	총을 겨누다	chong-eul gyeo-nu-da
bajonet (de)	총검	chong-geom
degen (de)	레이피어	re-i-pi-eo
sabel (de)	군도	gun-do
speer (de)	창	chang
boog (de)	활	hwal
pijl (de)	화살	hwa-sal
musket (de)	머스킷	meo-seu-kit
kruisboog (de)	석궁	seok-gung

115. Oude mensen

primitief (bn)	원시적인	won-si-jeo-gin
voorhistorisch (bn)	선사시대의	seon-sa-si-dae-ui
eeuwenoude (~ beschaving)	고대의	go-dae-ui
Steentijd (de)	석기 시대	seok-gi si-dae
Bronstijd (de)	청동기 시대	cheong-dong-gi si-dae
IJstijd (de)	빙하 시대	bing-ha si-dae
stam (de)	부족	bu-jok
menseneter (de)	식인종	si-gin-jong
jager (de)	사냥꾼	sa-nyang-kkun
jagen (ww)	사냥하다	sa-nyang-ha-da
mammoet (de)	매머드	mae-meo-deu
grot (de)	동굴	dong-gul
vuur (het)	불	bul
kampvuur (het)	모닥불	mo-dak-bul
rotstekening (de)	동굴 벽화	dong-gul byeok-wa
werkinstrument (het)	도구	do-gu
speer (de)	창	chang
stenen bijl (de)	돌도끼	dol-do-kki
oorlog voeren (ww)	참전하다	cham-jeon-ha-da
temmen (bijv. wolf ~)	길들이다	gil-deu-ri-da
idool (het)	우상	u-sang
aanbidden (ww)	숭배하다	sung-bae-ha-da
bijgeloof (het)	미신	mi-sin
evolutie (de)	진화	jin-hwa
ontwikkeling (de)	개발	gae-bal
verdwijning (de)	멸종	myeol-jong
zich aanpassen (ww)	적응하다	jeo-geung-ha-da
archeologie (de)	고고학	go-go-hak
archeoloog (de)	고고학자	go-go-hak-ja
archeologisch (bn)	고고학의	go-go-ha-gui
opgravingsplaats (de)	발굴 현장	bal-gul hyeon-jang
opgravingen (mv.)	발굴	bal-gul
vondst (de)	발견물	bal-gyeon-mul
fragment (het)	파편	pa-pyeon

116. Middeleeuwen

volk (het)	민족	min-jok
volkeren (mv.)	민족	min-jok
stam (de)	부족	bu-jok
stammen (mv.)	부족들	bu-jok-deul
barbaren (mv.)	오랑캐	o-rang-kae
Galliërs (mv.)	갈리아인	gal-li-a-in

Goten (mv.)	고트족	go-teu-jok
Slaven (mv.)	슬라브족	seul-la-beu-jok
Vikings (mv.)	바이킹	ba-i-king
Romeinen (mv.)	로마 사람	ro-ma sa-ram
Romeins (bn)	로마의	ro-ma-ui
Byzantijnen (mv.)	비잔티움 사람들	bi-jan-ti-um sa-ram-deul
Byzantium (het)	비잔티움	bi-jan-ti-um
Byzantijns (bn)	비잔틴의	bi-jan-tin-ui
keizer (bijv. Romeinse ~)	황제	hwang-je
opperhoofd (het)	추장	chu-jang
machtig (bn)	강력한	gang-nyeo-kan
koning (de)	왕	wang
heerser (de)	통치자	tong-chi-ja
ridder (de)	기사	gi-sa
feodaal (de)	봉건 영주	bong-geon nyeong-ju
feodaal (bn)	봉건적인	bong-geon-jeo-gin
vazal (de)	봉신	bong-sin
hertog (de)	공작	gong-jak
graaf (de)	백작	baek-jak
baron (de)	남작	nam-jak
bisschop (de)	주교	ju-gyo
harnas (het)	갑옷	ga-bot
schild (het)	방패	bang-pae
zwaard (het)	검	geom
vizier (het)	얼굴 가리개	eol-gul ga-ri-gae
maliënkolder (de)	미늘 갑옷	mi-neul ga-bot
kruistocht (de)	십자군	sip-ja-gun
kruisvaarder (de)	십자군 전사	sip-ja-gun jeon-sa
gebied (bijv. bezette ~en)	영토	yeong-to
aanvallen (binnenvallen)	공격하다	gong-gyeo-ka-da
veroveren (ww)	정복하다	jeong-bok-a-da
innemen (binnenvallen)	점령하다	jeom-nyeong-ha-da
bezetting (de)	포위 공격	po-wi gong-gyeok
bezet (bn)	포위당한	po-wi-dang-han
belegeren (ww)	포위하다	po-wi-ha-da
inquisitie (de)	이단심문	i-dan-sim-mun
inquisiteur (de)	종교 재판관	jong-gyo jae-pan-gwan
foltering (de)	고문	go-mun
wreed (bn)	잔혹한	jan-hok-an
ketter (de)	이단자	i-dan-ja
ketterij (de)	이단으로	i-da-neu-ro
zeevaart (de)	항해	hang-hae
piraat (de)	해적	hae-jeok
piraterij (de)	해적 행위	hae-jeok aeng-wi
enteren (het)	널판장	neol-pan-jang

buit (de)	노획물	no-hoeng-mul
schatten (mv.)	보물	bo-mul
ontdekking (de)	발견	bal-gyeon
ontdekken (bijv. nieuw land)	발견하다	bal-gyeon-ha-da
expeditie (de)	탐험	tam-heom
musketier (de)	총병	chong-byeong
kardinaal (de)	추기경	chu-gi-gyeong
heraldiek (de)	문장학	mun-jang-hak
heraldisch (bn)	문장학의	mun-jang-ha-gui

117. Leider. Baas. Autoriteiten

koning (de)	왕	wang
koningin (de)	여왕	yeo-wang
koninklijk (bn)	왕족의	wang-jo-gui
koninkrijk (het)	왕국	wang-guk
prins (de)	왕자	wang-ja
prinses (de)	공주	gong-ju
president (de)	대통령	dae-tong-nyeong
vicepresident (de)	부통령	bu-tong-nyeong
senator (de)	상원의원	sang-won-ui-won
monarch (de)	군주	gun-ju
heerser (de)	통치자	tong-chi-ja
dictator (de)	독재자	dok-jae-ja
tiran (de)	폭군	pok-gun
magnaat (de)	거물	geo-mul
directeur (de)	사장	sa-jang
chef (de)	추장	chu-jang
beheerder (de)	지배인	ji-bae-in
baas (de)	상사	sang-sa
eigenaar (de)	소유자	so-yu-ja
hoofd (bijv. ~ van de delegatie)	책임자	chae-gim-ja
autoriteiten (mv.)	당국	dang-guk
superieuren (mv.)	상사	sang-sa
gouverneur (de)	주지사	ju-ji-sa
consul (de)	영사	yeong-sa
diplomaat (de)	외교관	oe-gyo-gwan
burgemeester (de)	시장	si-jang
sheriff (de)	보안관	bo-an-gwan
keizer (bijv. Romeinse ~)	황제	hwang-je
tsaar (de)	황제	hwang-je
farao (de)	파라오	pa-ra-o
kan (de)	칸	kan

118. De wet overtreden. Criminelen. Deel 1

Nederlands	Koreaans	Romanisatie
bandiet (de)	산적	san-jeok
misdaad (de)	범죄	beom-joe
misdadiger (de)	범죄자	beom-joe-ja
dief (de)	도둑	do-duk
stelen (ww)	훔치다	hum-chi-da
stelen (de)	절도	jeol-do
diefstal (de)	도둑질	do-duk-jil
kidnappen (ww)	납치하다	nap-chi-ha-da
kidnapping (de)	유괴	yu-goe
kidnapper (de)	유괴범	yu-goe-beom
losgeld (het)	몸값	mom-gap
eisen losgeld (ww)	몸값을 요구하다	mom-gap-seul ryo-gu-ha-da
overvallen (ww)	뺏다	ppaet-da
overvaller (de)	강도	gang-do
afpersen (ww)	갈취하다	gal-chwi-ha-da
afperser (de)	갈취자	gal-chwi-ja
afpersing (de)	갈취	gal-chwi
vermoorden (ww)	죽이다	ju-gi-da
moord (de)	살인	sa-rin
moordenaar (de)	살인자	sa-rin-ja
schot (het)	발포	bal-po
een schot lossen	쏘다	sso-da
neerschieten (ww)	쏘아 죽이다	sso-a ju-gi-da
schieten (ww)	쏘다	sso-da
schieten (het)	발사	bal-sa
ongeluk (gevecht, enz.)	사건	sa-geon
gevecht (het)	몸싸움	mom-ssa-um
slachtoffer (het)	희생자	hui-saeng-ja
beschadigen (ww)	해치다	hae-chi-da
schade (de)	피해	pi-hae
lijk (het)	시신	si-sin
zwaar (~ misdrijf)	중대한	jung-dae-han
aanvallen (ww)	공격하다	gong-gyeo-ka-da
slaan (iemand ~)	때리다	ttae-ri-da
in elkaar slaan (toetakelen)	조지다	jo-ji-da
ontnemen (beroven)	훔치다	hum-chi-da
steken (met een mes)	찔러 죽이다	jjil-leo ju-gi-da
verminken (ww)	불구로 만들다	bul-gu-ro man-deul-da
verwonden (ww)	부상을 입히다	bu-sang-eul ri-pi-da
chantage (de)	공갈	gong-gal
chanteren (ww)	공갈하다	gong-gal-ha-da
chanteur (de)	공갈범	gong-gal-beom

afpersing (de)	폭력단의 갈취 행위	pong-nyeok-dan-ui gal-chwi haeng-wi
afperser (de)	모리배	mo-ri-bae
gangster (de)	갱	gaeng
maffia (de)	마피아	ma-pi-a
kruimeldief (de)	소매치기	so-mae-chi-gi
inbreker (de)	빈집털이범	bin-jip-teo-ri-beom
smokkelen (het)	밀수입	mil-su-ip
smokkelaar (de)	밀수입자	mil-su-ip-ja
namaak (de)	위조	wi-jo
namaken (ww)	위조하다	wi-jo-ha-da
namaak-, vals (bn)	가짜의	ga-jja-ui

119. De wet overtreden. Criminelen. Deel 2

verkrachting (de)	강간	gang-gan
verkrachten (ww)	강간하다	gang-gan-ha-da
verkrachter (de)	강간범	gang-gan-beom
maniak (de)	미치광이	mi-chi-gwang-i
prostituee (de)	매춘부	mae-chun-bu
prostitutie (de)	매춘	mae-chun
pooier (de)	포주	po-ju
drugsverslaafde (de)	마약 중독자	ma-yak jung-dok-ja
drugshandelaar (de)	마약 밀매자	ma-yak mil-mae-ja
opblazen (ww)	폭발하다	pok-bal-ha-da
explosie (de)	폭발	pok-bal
in brand steken (ww)	방화하다	bang-hwa-ha-da
brandstichter (de)	방화범	bang-hwa-beom
terrorisme (het)	테러리즘	te-reo-ri-jeum
terrorist (de)	테러리스트	te-reo-ri-seu-teu
gijzelaar (de)	볼모	bol-mo
bedriegen (ww)	속이다	so-gi-da
bedrog (het)	사기	sa-gi
oplichter (de)	사기꾼	sa-gi-kkun
omkopen (ww)	뇌물을 주다	noe-mu-reul ju-da
omkoperij (de)	뇌물 수수	noe-mul su-su
smeergeld (het)	뇌물	noe-mul
vergif (het)	독	dok
vergiftigen (ww)	독살하다	dok-sal-ha-da
vergif innemen (ww)	음독하다	eum-dok-a-da
zelfmoord (de)	자살	ja-sal
zelfmoordenaar (de)	자살자	ja-sal-ja
bedreigen (bijv. met een pistool)	협박하다	hyeop-bak-a-da

bedreiging (de)	협박	hyeop-bak
een aanslag plegen	살해를 피하다	sal-hae-reul kkoe-ha-da
aanslag (de)	미수	mi-su
stelen (een auto)	훔치는	hum-chi-da
kapen (een vliegtuig)	납치하다	nap-chi-ha-da
wraak (de)	복수	bok-su
wreken (ww)	복수하다	bok-su-ha-da
martelen (gevangenen)	고문하다	go-mun-ha-da
foltering (de)	고문	go-mun
folteren (ww)	피롭히다	goe-ro-pi-da
piraat (de)	해적	hae-jeok
straatschender (de)	난동꾼	nan-dong-kkun
gewapend (bn)	무장한	mu-jang-han
geweld (het)	폭력	pong-nyeok
spionage (de)	간첩행위	gan-cheo-paeng-wi
spioneren (ww)	간첩 행위를 하다	gan-cheop paeng-wi-reul ha-da

120. Politie. Wet. Deel 1

gerecht (het)	정의	jeong-ui
gerechtshof (het)	법정	beop-jeong
rechter (de)	판사	pan-sa
jury (de)	배심원	bae-sim-won
juryrechtspraak (de)	배심 재판	bae-sim jae-pan
berechten (ww)	재판에 부치다	jae-pan-e bu-chi-da
advocaat (de)	변호사	byeon-ho-sa
beklaagde (de)	피고	pi-go
beklaagdenbank (de)	피고인석	pi-go-in-seok
beschuldiging (de)	혐의	hyeom-ui
beschuldigde (de)	형사 피고인	pi-go-in
vonnis (het)	형량	hyeong-nyang
veroordelen (in een rechtszaak)	선고하다	seon-go-ha-da
schuldige (de)	유죄	yu-joe
straffen (ww)	처벌하다	cheo-beol-ha-da
bestraffing (de)	벌	beol
boete (de)	벌금	beol-geum
levenslange opsluiting (de)	종신형	jong-sin-hyeong
doodstraf (de)	사형	sa-hyeong
elektrische stoel (de)	전기 의자	jeon-gi ui-ja
schavot (het)	교수대	gyo-su-dae
executeren (ww)	집행하다	ji-paeng-ha-da

executie (de)	처형	cheo-hyeong
gevangenis (de)	교도소	gyo-do-so
cel (de)	감방	gam-bang

konvooi (het)	호송	ho-song
gevangenisbewaker (de)	간수	gan-su
gedetineerde (de)	죄수	joe-su

handboeien (mv.)	수갑	su-gap
handboeien omdoen	수갑을 채우다	su-ga-beul chae-u-da

ontsnapping (de)	탈옥	ta-rok
ontsnappen (ww)	탈옥하다	ta-rok-a-da
verdwijnen (ww)	사라지다	sa-ra-ji-da
vrijlaten (uit de gevangenis)	출옥하다	chu-rok-a-da
amnestie (de)	사면	sa-myeon

politie (de)	경찰	gyeong-chal
politieagent (de)	경찰관	gyeong-chal-gwan
politiebureau (het)	경찰서	gyeong-chal-seo
knuppel (de)	경찰봉	gyeong-chal-bong
megafoon (de)	메가폰	me-ga-pon

patrouilleerwagen (de)	순찰차	sun-chal-cha
sirene (de)	사이렌	sa-i-ren
de sirene aansteken	사이렌을 켜다	sa-i-re-neul kyeo-da
geloei (het) van de sirene	사이렌 소리	sa-i-ren so-ri

plaats delict (de)	범죄현장	beom-joe-hyeon-jang
getuige (de)	목격자	mok-gyeok-ja
vrijheid (de)	자유	ja-yu
handlanger (de)	공범자	gong-beom-ja
ontvluchten (ww)	달아나다	da-ra-na-da
spoor (het)	흔적	heun-jeok

121. Politie. Wet. Deel 2

opsporing (de)	조사	jo-sa
opsporen (ww)	… 를 찾다	… reul chat-da
verdenking (de)	혐의	hyeom-ui
verdacht (bn)	의심스러운	ui-sim-seu-reo-un
aanhouden (stoppen)	멈추다	meom-chu-da
tegenhouden (ww)	구류하다	gu-ryu-ha-da

strafzaak (de)	판례	pal-lye
onderzoek (het)	조사	jo-sa
detective (de)	형사	hyeong-sa
onderzoeksrechter (de)	조사관	jo-sa-gwan
versie (de)	가설	ga-seol

motief (het)	동기	dong-gi
verhoor (het)	심문	sim-mun
ondervragen (door de politie)	신문하다	sin-mun-ha-da
ondervragen (omstanders ~)	심문하다	sim-mun-ha-da

controle (de)	확인	hwa-gin
razzia (de)	일제 검거	il-je geom-geo
huiszoeking (de)	수색	su-saek
achtervolging (de)	추적	chu-jeok
achtervolgen (ww)	추적하다	chu-jeok-a-da
opsporen (ww)	추적하다	chu-jeok-a-da
arrest (het)	체포	che-po
arresteren (ww)	체포하다	che-po-ha-da
vangen, aanhouden (een dief, enz.)	붙잡다	but-jap-da
aanhouding (de)	체포	che-po
document (het)	서류	seo-ryu
bewijs (het)	증거	jeung-geo
bewijzen (ww)	증명하다	jeung-myeong-ha-da
voetspoor (het)	발자국	bal-ja-guk
vingerafdrukken (mv.)	지문	ji-mun
bewijs (het)	증거물	jeung-geo-mul
alibi (het)	알리바이	al-li-ba-i
onschuldig (bn)	무죄인	mu-joe-in
onrecht (het)	부정	bu-jeong
onrechtvaardig (bn)	부당한	bu-dang-han
crimineel (bn)	범죄의	beom-joe-ui
confisqueren (in beslag nemen)	몰수하다	mol-su-ha-da
drug (de)	마약	ma-yak
wapen (het)	무기	mu-gi
ontwapenen (ww)	무장해제하다	mu-jang-hae-je-ha-da
bevelen (ww)	명령하다	myeong-nyeong-ha-da
verdwijnen (ww)	사라지다	sa-ra-ji-da
wet (de)	법률	beom-nyul
wettelijk (bn)	합법적인	hap-beop-jeo-gin
onwettelijk (bn)	불법적인	bul-beop-jeo-gin
verantwoordelijkheid (de)	책임	chae-gim
verantwoordelijk (bn)	책임 있는	chae-gim in-neun

NATUUR

De Aarde. Deel 1

122. De kosmische ruimte

kosmos (de)	우주	u-ju
kosmisch (bn)	우주의	u-ju-ui
kosmische ruimte (de)	우주 공간	u-ju gong-gan
wereld (de)	세계	se-gye
heelal (het)	우주	u-ju
sterrenstelsel (het)	은하	eun-ha
ster (de)	별, 항성	byeol, hang-seong
sterrenbeeld (het)	별자리	byeol-ja-ri
planeet (de)	행성	haeng-seong
satelliet (de)	인공위성	in-gong-wi-seong
meteoriet (de)	운석	un-seok
komeet (de)	혜성	hye-seong
asteroïde (de)	소행성	so-haeng-seong
baan (de)	궤도	gwe-do
draaien (om de zon, enz.)	회전한다	hoe-jeon-han-da
atmosfeer (de)	대기	dae-gi
Zon (de)	태양	tae-yang
zonnestelsel (het)	태양계	tae-yang-gye
zonsverduistering (de)	일식	il-sik
Aarde (de)	지구	ji-gu
Maan (de)	달	dal
Mars (de)	화성	hwa-seong
Venus (de)	금성	geum-seong
Jupiter (de)	목성	mok-seong
Saturnus (de)	토성	to-seong
Mercurius (de)	수성	su-seong
Uranus (de)	천왕성	cheon-wang-seong
Neptunus (de)	해왕성	hae-wang-seong
Pluto (de)	명왕성	myeong-wang-seong
Melkweg (de)	은하수	eun-ha-su
Grote Beer (de)	큰곰자리	keun-gom-ja-ri
Poolster (de)	북극성	buk-geuk-seong
marsmannetje (het)	화성인	hwa-seong-in
buitenaards wezen (het)	외계인	oe-gye-in

bovenaards (het)	외계인	oe-gye-in
vliegende schotel (de)	비행 접시	bi-haeng jeop-si
ruimtevaartuig (het)	우주선	u-ju-seon
ruimtestation (het)	우주 정거장	u-ju jeong-nyu-jang
motor (de)	엔진	en-jin
straalpijp (de)	노즐	no-jeul
brandstof (de)	연료	yeol-lyo
cabine (de)	조종석	jo-jong-seok
antenne (de)	안테나	an-te-na
patrijspoort (de)	현창	hyeon-chang
zonnebatterij (de)	태양 전지	tae-yang jeon-ji
ruimtepak (het)	우주복	u-ju-bok
gewichtloosheid (de)	무중력	mu-jung-nyeok
zuurstof (de)	산소	san-so
koppeling (de)	도킹	do-king
koppeling maken	도킹하다	do-king-ha-da
observatorium (het)	천문대	cheon-mun-dae
telescoop (de)	망원경	mang-won-gyeong
waarnemen (ww)	관찰하다	gwan-chal-ha-da
exploreren (ww)	탐험하다	tam-heom-ha-da

123. De Aarde

Aarde (de)	지구	ji-gu
aardbol (de)	지구	ji-gu
planeet (de)	행성	haeng-seong
atmosfeer (de)	대기	dae-gi
aardrijkskunde (de)	지리학	ji-ri-hak
natuur (de)	자연	ja-yeon
wereldbol (de)	지구의	ji-gu-ui
kaart (de)	지도	ji-do
atlas (de)	지도첩	ji-do-cheop
Europa (het)	유럽	yu-reop
Azië (het)	아시아	a-si-a
Afrika (het)	아프리카	a-peu-ri-ka
Australië (het)	호주	ho-ju
Amerika (het)	아메리카 대륙	a-me-ri-ka dae-ryuk
Noord-Amerika (het)	북아메리카	bu-ga-me-ri-ka
Zuid-Amerika (het)	남아메리카	nam-a-me-ri-ka
Antarctica (het)	남극 대륙	nam-geuk dae-ryuk
Arctis (de)	극지방	geuk-ji-bang

124. Windrichtingen

noorden (het)	북쪽	buk-jjok
naar het noorden	북쪽으로	buk-jjo-geu-ro
in het noorden	북쪽에	buk-jjo-ge
noordelijk (bn)	북쪽의	buk-jjo-gui
zuiden (het)	남쪽	nam-jjok
naar het zuiden	남쪽으로	nam-jjo-geu-ro
in het zuiden	남쪽에	nam-jjo-ge
zuidelijk (bn)	남쪽의	nam-jjo-gui
westen (het)	서쪽	seo-jjok
naar het westen	서쪽으로	seo-jjo-geu-ro
in het westen	서쪽에	seo-jjo-ge
westelijk (bn)	서쪽의	seo-jjo-gui
oosten (het)	동쪽	dong-jjok
naar het oosten	동쪽으로	dong-jjo-geu-ro
in het oosten	동쪽에	dong-jjo-ge
oostelijk (bn)	동쪽의	dong-jjo-gui

125. Zee. Oceaan

zee (de)	바다	ba-da
oceaan (de)	대양	dae-yang
golf (baai)	만	man
straat (de)	해협	hae-hyeop
continent (het)	대륙	dae-ryuk
eiland (het)	섬	seom
schiereiland (het)	반도	ban-do
archipel (de)	군도	gun-do
baai, bocht (de)	만	man
haven (de)	항구	hang-gu
lagune (de)	석호	seok-o
kaap (de)	곶	got
atol (de)	환초	hwan-cho
rif (het)	암초	am-cho
koraal (het)	산호	san-ho
koraalrif (het)	산호초	san-ho-cho
diep (bn)	깊은	gi-peun
diepte (de)	깊이	gi-pi
trog (bijv. Marianentrog)	해구	hae-gu
stroming (de)	해류	hae-ryu
omspoelen (ww)	둘러싸다	dul-leo-ssa-da
oever (de)	해변	hae-byeon
kust (de)	바닷가	ba-dat-ga

T&P Books. Thematische woordenschat Nederlands-Koreaans - 5000 woorden

vloed (de)	밀물	mil-mul
eb (de)	썰물	sseol-mul
ondiepte (ondiep water)	모래톱	mo-rae-top
bodem (de)	해저	hae-jeo
golf (hoge ~)	파도	pa-do
golfkam (de)	물마루	mul-ma-ru
schuim (het)	거품	geo-pum
orkaan (de)	허리케인	heo-ri-ke-in
tsunami (de)	해일	hae-il
windstilte (de)	고요함	go-yo-ham
kalm (bijv. ~e zee)	고요한	go-yo-han
pool (de)	극	geuk
polair (bn)	극지의	geuk-ji-ui
breedtegraad (de)	위도	wi-do
lengtegraad (de)	경도	gyeong-do
parallel (de)	위도선	wi-do-seon
evenaar (de)	적도	jeok-do
hemel (de)	하늘	ha-neul
horizon (de)	수평선	su-pyeong-seon
lucht (de)	공기	gong-gi
vuurtoren (de)	등대	deung-dae
duiken (ww)	뛰어들다	ttwi-eo-deul-da
zinken (ov. een boot)	가라앉다	ga-ra-an-da
schatten (mv.)	보물	bo-mul

126. Namen van zeeën en oceanen

Atlantische Oceaan (de)	대서양	dae-seo-yang
Indische Oceaan (de)	인도양	in-do-yang
Stille Oceaan (de)	태평양	tae-pyeong-yang
Noordelijke IJszee (de)	북극해	buk-geuk-ae
Zwarte Zee (de)	흑해	heuk-ae
Rode Zee (de)	홍해	hong-hae
Gele Zee (de)	황해	hwang-hae
Witte Zee (de)	백해	baek-ae
Kaspische Zee (de)	카스피 해	ka-seu-pi hae
Dode Zee (de)	사해	sa-hae
Middellandse Zee (de)	지중해	ji-jung-hae
Egeïsche Zee (de)	에게 해	e-ge hae
Adriatische Zee (de)	아드리아 해	a-deu-ri-a hae
Arabische Zee (de)	아라비아 해	a-ra-bi-a hae
Japanse Zee (de)	동해	dong-hae
Beringzee (de)	베링 해	be-ring hae
Zuid-Chinese Zee (de)	남중국해	nam-jung-guk-ae

Koraalzee (de)	산호해	san-ho-hae
Tasmanzee (de)	태즈먼 해	tae-jeu-meon hae
Caribische Zee (de)	카리브 해	ka-ri-beu hae

| Barentszzee (de) | 바렌츠 해 | ba-ren-cheu hae |
| Karische Zee (de) | 카라 해 | ka-ra hae |

Noordzee (de)	북해	buk-ae
Baltische Zee (de)	발트 해	bal-teu hae
Noorse Zee (de)	노르웨이 해	no-reu-we-i hae

127. Bergen

berg (de)	산	san
bergketen (de)	산맥	san-maek
gebergte (het)	능선	neung-seon

bergtop (de)	정상	jeong-sang
bergpiek (de)	봉우리	bong-u-ri
voet (ov. de berg)	기슭	gi-seuk
helling (de)	경사면	gyeong-sa-myeon

vulkaan (de)	화산	hwa-san
actieve vulkaan (de)	활화산	hwal-hwa-san
uitgedoofde vulkaan (de)	사화산	sa-hwa-san

uitbarsting (de)	폭발	pok-bal
krater (de)	분화구	bun-hwa-gu
magma (het)	마그마	ma-geu-ma
lava (de)	용암	yong-am
gloeiend (~e lava)	녹은	no-geun

kloof (canyon)	협곡	hyeop-gok
bergkloof (de)	협곡	hyeop-gok
spleet (de)	갈라진	gal-la-jin

bergpas (de)	산길	san-gil
plateau (het)	고원	go-won
klip (de)	절벽	jeol-byeok
heuvel (de)	언덕, 작은 산	eon-deok, ja-geun san

gletsjer (de)	빙하	bing-ha
waterval (de)	폭포	pok-po
geiser (de)	간헐천	gan-heol-cheon
meer (het)	호수	ho-su

vlakte (de)	평원	pyeong-won
landschap (het)	경관	gyeong-gwan
echo (de)	메아리	me-a-ri

alpinist (de)	등산가	deung-san-ga
bergbeklimmer (de)	암벽 등반가	am-byeok deung-ban-ga
trotseren (berg ~)	정복하다	jeong-bok-a-da
beklimming (de)	등반	deung-ban

128. Bergen namen

Alpen (de)	알프스 산맥	al-peu-seu san-maek
Mont Blanc (de)	몽블랑 산	mong-beul-lang san
Pyreneeën (de)	피레네 산맥	pi-re-ne san-maek
Karpaten (de)	카르파티아 산맥	ka-reu-pa-ti-a san-maek
Oeralgebergte (het)	우랄 산맥	u-ral san-maek
Kaukasus (de)	코카서스 산맥	ko-ka-seo-seu san-maek
Elbroes (de)	엘브루스 산	el-beu-ru-seu san
Altaj (de)	알타이 산맥	al-ta-i san-maek
Tiensjan (de)	텐샨 산맥	ten-syan san-maek
Pamir (de)	파미르 고원	pa-mi-reu go-won
Himalaya (de)	히말라야 산맥	hi-mal-la-ya san-maek
Everest (de)	에베레스트 산	e-be-re-seu-teu san
Andes (de)	안데스 산맥	an-de-seu san-maek
Kilimanjaro (de)	킬리만자로 산	kil-li-man-ja-ro san

129. Rivieren

rivier (de)	강	gang
bron (~ van een rivier)	샘	saem
rivierbedding (de)	강바닥	gang-ba-dak
rivierbekken (het)	유역	yu-yeok
uitmonden in ...	... 로 흘러가다	... ro heul-leo-ga-da
zijrivier (de)	지류	ji-ryu
oever (de)	둑	duk
stroming (de)	흐름	heu-reum
stroomafwaarts (bw)	하류로	gang ha-ryu-ro
stroomopwaarts (bw)	상류로	sang-nyu-ro
overstroming (de)	홍수	hong-su
overstroming (de)	홍수	hong-su
buiten zijn oevers treden	범람하다	beom-nam-ha-da
overstromen (ww)	범람하다	beom-nam-ha-da
zandbank (de)	얕은 곳	ya-teun got
stroomversnelling (de)	여울	yeo-ul
dam (de)	댐	daem
kanaal (het)	운하	un-ha
spaarbekken (het)	저수지	jeo-su-ji
sluis (de)	수문	su-mun
waterlichaam (het)	저장 수량	jeo-jang su-ryang
moeras (het)	늪, 소택지	neup, so-taek-ji
broek (het)	수렁	su-reong
draaikolk (de)	소용돌이	so-yong-do-ri
stroom (de)	개울, 시내	gae-ul, si-nae

drink- (abn)	마실 수 있는	ma-sil su in-neun
zoet (~ water)	민물의	min-mu-rui
IJs (het)	얼음	eo-reum
bevriezen (rivier, enz.)	얼다	eol-da

130. Namen van rivieren

Seine (de)	센 강	sen gang
Loire (de)	루아르 강	ru-a-reu gang
Theems (de)	템스 강	tem-seu gang
Rijn (de)	라인 강	ra-in gang
Donau (de)	도나우 강	do-na-u gang
Wolga (de)	볼가 강	bol-ga gang
Don (de)	돈 강	don gang
Lena (de)	레나 강	re-na gang
Gele Rivier (de)	황허강	hwang-heo-gang
Blauwe Rivier (de)	양자강	yang-ja-gang
Mekong (de)	메콩 강	me-kong gang
Ganges (de)	갠지스 강	gaen-ji-seu gang
Nijl (de)	나일 강	na-il gang
Kongo (de)	콩고 강	kong-go gang
Okavango (de)	오카방고 강	o-ka-bang-go gang
Zambezi (de)	잠베지 강	jam-be-ji gang
Limpopo (de)	림포포 강	rim-po-po gang

131. Bos

bos (het)	숲	sup
bos- (abn)	산림의	sal-li-mui
oerwoud (dicht bos)	밀림	mil-lim
bosje (klein bos)	작은 숲	ja-geun sup
open plek (de)	빈터	bin-teo
struikgewas (het)	덤불	deom-bul
struiken (mv.)	관목지	gwan-mok-ji
paadje (het)	오솔길	o-sol-gil
ravijn (het)	도랑	do-rang
boom (de)	나무	na-mu
blad (het)	잎	ip
gebladerte (het)	나뭇잎	na-mun-nip
vallende bladeren (mv.)	낙엽	na-gyeop
vallen (ov. de bladeren)	떨어지다	tteo-reo-ji-da
tak (de)	가지	ga-ji

ent (de)	큰 가지	keun ga-ji
knop (de)	잎눈	im-nun
naald (de)	바늘	ba-neul
dennenappel (de)	솔방울	sol-bang-ul
boom holte (de)	구멍	gu-meong
nest (het)	둥지	dung-ji
hol (het)	굴	gul
stam (de)	몸통	mom-tong
wortel (bijv. boom~s)	뿌리	ppu-ri
schors (de)	껍질	kkeop-jil
mos (het)	이끼	i-kki
ontwortelen (een boom)	수목을 통째 뽑다	su-mo-geul tong-jjae ppop-da
kappen (een boom ~)	자르다	ja-reu-da
ontbossen (ww)	삼림을 없애다	sam-ni-meul reop-sae-da
stronk (de)	그루터기	geu-ru-teo-gi
kampvuur (het)	모닥불	mo-dak-bul
bosbrand (de)	산불	san-bul
blussen (ww)	끄다	kkeu-da
boswachter (de)	산림경비원	sal-lim-gyeong-bi-won
bescherming (de)	보호	bo-ho
beschermen (bijv. de natuur ~)	보호하다	bo-ho-ha-da
stroper (de)	밀렵자	mil-lyeop-ja
val (de)	덫	deot
plukken (vruchten, enz.)	따다	tta-da
verdwalen (de weg kwijt zijn)	길을 잃다	gi-reul ril-ta

132. Natuurlijke hulpbronnen

natuurlijke rijkdommen (mv.)	천연 자원	cheo-nyeon ja-won
lagen (mv.)	매장량	mae-jang-nyang
veld (bijv. olie~)	지역	ji-yeok
winnen (uit erts ~)	채광하다	chae-gwang-ha-da
winning (de)	막장일	mak-jang-il
erts (het)	광석	gwang-seok
mijn (bijv. kolenmijn)	광산	gwang-san
mijnschacht (de)	갱도	gaeng-do
mijnwerker (de)	광부	gwang-bu
gas (het)	가스	ga-seu
gasleiding (de)	가스관	ga-seu-gwan
olie (aardolie)	석유	seo-gyu
olieleiding (de)	석유 파이프라인	seo-gyu pa-i-peu-ra-in
oliebron (de)	유정	yu-jeong
boortoren (de)	유정탑	yu-jeong-tap
tanker (de)	유조선	yu-jo-seon

zand (het)	모래	mo-rae
kalksteen (de)	석회석	seok-oe-seok
grind (het)	자갈	ja-gal
veen (het)	토탄	to-tan
klei (de)	점토	jeom-to
steenkool (de)	석탄	seok-tan
IJzer (het)	철	cheol
goud (het)	금	geum
zilver (het)	은	eun
nikkel (het)	니켈	ni-kel
koper (het)	구리	gu-ri
zink (het)	아연	a-yeon
mangaan (het)	망간	mang-gan
kwik (het)	수은	su-eun
lood (het)	납	nap
mineraal (het)	광물	gwang-mul
kristal (het)	수정	su-jeong
marmer (het)	대리석	dae-ri-seok
uraan (het)	우라늄	u-ra-nyum

De Aarde. Deel 2

133. Weer

weer (het)	날씨	nal-ssi
weersvoorspelling (de)	일기 예보	il-gi ye-bo
temperatuur (de)	온도	on-do
thermometer (de)	온도계	on-do-gye
barometer (de)	기압계	gi-ap-gye
vochtigheid (de)	습함, 습기	seu-pam, seup-gi
hitte (de)	더위	deo-wi
heet (bn)	더운	deo-un
het is heet	덥다	deop-da
het is warm	따뜻하다	tta-tteu-ta-da
warm (bn)	따뜻한	tta-tteu-tan
het is koud	춥다	chup-da
koud (bn)	추운	chu-un
zon (de)	해	hae
schijnen (de zon)	빛나다	bin-na-da
zonnig (~e dag)	화창한	hwa-chang-han
opgaan (ov. de zon)	뜨다	tteu-da
ondergaan (ww)	지다	ji-da
wolk (de)	구름	gu-reum
bewolkt (bn)	구름의	gu-reum-ui
somber (bn)	흐린	heu-rin
regen (de)	비	bi
het regent	비가 오다	bi-ga o-da
regenachtig (bn)	비가 오는	bi-ga o-neun
motregenen (ww)	이슬비가 내리다	i-seul-bi-ga nae-ri-da
plensbui (de)	억수	eok-su
stortbui (de)	호우	ho-u
hard (bn)	심한	sim-han
plas (de)	웅덩이	ung-deong-i
nat worden (ww)	젖다	jeot-da
mist (de)	안개	an-gae
mistig (bn)	안개가 자욱한	an-gae-ga ja-uk-an
sneeuw (de)	눈	nun
het sneeuwt	눈이 오다	nun-i o-da

134. Zwaar weer. Natuurrampen

noodweer (storm)	뇌우	noe-u
bliksem (de)	번개	beon-gae
flitsen (ww)	번쩍이다	beon-jjeo-gi-da
donder (de)	천둥	cheon-dung
donderen (ww)	천둥이 치다	cheon-dung-i chi-da
het dondert	천둥이 치다	cheon-dung-i chi-da
hagel (de)	싸락눈	ssa-rang-nun
het hagelt	싸락눈이 내리다	ssa-rang-nun-i nae-ri-da
overstromen (ww)	범람하다	beom-nam-ha-da
overstroming (de)	홍수	hong-su
aardbeving (de)	지진	ji-jin
aardschok (de)	진동	jin-dong
epicentrum (het)	진앙	jin-ang
uitbarsting (de)	폭발	pok-bal
lava (de)	용암	yong-am
wervelwind (de)	회오리바람	hoe-o-ri-ba-ram
windhoos (de)	토네이도	to-ne-i-do
tyfoon (de)	태풍	tae-pung
orkaan (de)	허리케인	heo-ri-ke-in
storm (de)	폭풍우	pok-pung-u
tsunami (de)	해일	hae-il
brand (de)	불	bul
ramp (de)	재해	jae-hae
meteoriet (de)	운석	un-seok
lawine (de)	눈사태	nun-sa-tae
sneeuwverschuiving (de)	눈사태	nun-sa-tae
sneeuwjacht (de)	눈보라	nun-bo-ra
sneeuwstorm (de)	눈보라	nun-bo-ra

Fauna

135. Zoogdieren. Roofdieren

roofdier (het)	육식 동물	yuk-sik dong-mul
tijger (de)	호랑이	ho-rang-i
leeuw (de)	사자	sa-ja
wolf (de)	이리	i-ri
vos (de)	여우	yeo-u
jaguar (de)	재규어	jae-gyu-eo
luipaard (de)	표범	pyo-beom
jachtluipaard (de)	치타	chi-ta
poema (de)	퓨마	pyu-ma
sneeuwluipaard (de)	눈표범	nun-pyo-beom
lynx (de)	스라소니	seu-ra-so-ni
coyote (de)	코요테	ko-yo-te
jakhals (de)	재칼	jae-kal
hyena (de)	하이에나	ha-i-e-na

136. Wilde dieren

dier (het)	동물	dong-mul
beest (het)	짐승	jim-seung
eekhoorn (de)	다람쥐	da-ram-jwi
egel (de)	고슴도치	go-seum-do-chi
haas (de)	토끼	to-kki
konijn (het)	굴토끼	gul-to-kki
das (de)	오소리	o-so-ri
wasbeer (de)	너구리	neo-gu-ri
hamster (de)	햄스터	haem-seu-teo
marmot (de)	마멋	ma-meot
mol (de)	두더지	du-deo-ji
muis (de)	생쥐	saeng-jwi
rat (de)	시궁쥐	si-gung-jwi
vleermuis (de)	박쥐	bak-jwi
hermelijn (de)	북방족제비	buk-bang-jok-je-bi
sabeldier (het)	검은담비	geo-meun-dam-bi
marter (de)	담비	dam-bi
nerts (de)	밍크	ming-keu
bever (de)	비버	bi-beo
otter (de)	수달	su-dal

Nederlands	한국어	Romanisatie
paard (het)	말	mal
eland (de)	엘크, 무스	el-keu, mu-seu
hert (het)	사슴	sa-seum
kameel (de)	낙타	nak-ta
bizon (de)	미국들소	mi-guk-deul-so
oeros (de)	유럽들소	yu-reop-deul-so
buffel (de)	물소	mul-so
zebra (de)	얼룩말	eol-lung-mal
antilope (de)	영양	yeong-yang
ree (de)	노루	no-ru
damhert (het)	다마사슴	da-ma-sa-seum
gems (de)	샤모아	sya-mo-a
everzwijn (het)	멧돼지	met-dwae-ji
walvis (de)	고래	go-rae
rob (de)	바다표범	ba-da-pyo-beom
walrus (de)	바다코끼리	ba-da-ko-kki-ri
zeehond (de)	물개	mul-gae
dolfijn (de)	돌고래	dol-go-rae
beer (de)	곰	gom
IJsbeer (de)	북극곰	buk-geuk-gom
panda (de)	판다	pan-da
aap (de)	원숭이	won-sung-i
chimpansee (de)	침팬지	chim-paen-ji
orang-oetan (de)	오랑우탄	o-rang-u-tan
gorilla (de)	고릴라	go-ril-la
makaak (de)	마카크	ma-ka-keu
gibbon (de)	긴팔원숭이	gin-pa-rwon-sung-i
olifant (de)	코끼리	ko-kki-ri
neushoorn (de)	코뿔소	ko-ppul-so
giraffe (de)	기린	gi-rin
nijlpaard (het)	하마	ha-ma
kangoeroe (de)	캥거루	kaeng-geo-ru
koala (de)	코알라	ko-al-la
mangoest (de)	몽구스	mong-gu-seu
chinchilla (de)	친칠라	chin-chil-la
stinkdier (het)	스컹크	seu-keong-keu
stekelvarken (het)	호저	ho-jeo

137. Huisdieren

Nederlands	한국어	Romanisatie
poes (de)	고양이	go-yang-i
kater (de)	수고양이	su-go-yang-i
paard (het)	말	mal
hengst (de)	수말, 종마	su-mal, jong-ma
merrie (de)	암말	am-mal

koe (de)	암소	am-so
stier (de)	황소	hwang-so
os (de)	수소	su-so
schaap (het)	양, 암양	yang, a-myang
ram (de)	수양	su-yang
geit (de)	염소	yeom-so
bok (de)	숫염소	sun-nyeom-so
ezel (de)	당나귀	dang-na-gwi
muilezel (de)	노새	no-sae
varken (het)	돼지	dwae-ji
biggetje (het)	돼지 새끼	dwae-ji sae-kki
konijn (het)	집토끼	jip-to-kki
kip (de)	암닭	am-tak
haan (de)	수닭	su-tak
eend (de)	집오리	ji-bo-ri
woerd (de)	수오리	su-o-ri
gans (de)	집거위	jip-geo-wi
kalkoen haan (de)	수칠면조	su-chil-myeon-jo
kalkoen (de)	칠면조	chil-myeon-jo
huisdieren (mv.)	가축	ga-chuk
tam (bijv. hamster)	길들여진	gil-deu-ryeo-jin
temmen (tam maken)	길들이다	gil-deu-ri-da
fokken (bijv. paarden ~)	사육하다, 기르다	sa-yuk-a-da, gi-reu-da
boerderij (de)	농장	nong-jang
gevogelte (het)	가금	ga-geum
rundvee (het)	가축	ga-chuk
kudde (de)	떼	tte
paardenstal (de)	마구간	ma-gu-gan
zwijnenstal (de)	돼지 우리	dwae-ji u-ri
koeienstal (de)	외양간	oe-yang-gan
konijnenhok (het)	토끼장	to-kki-jang
kippenhok (het)	닭장	dak-jang

138. Vogels

vogel (de)	새	sae
duif (de)	비둘기	bi-dul-gi
mus (de)	참새	cham-sae
koolmees (de)	박새	bak-sae
ekster (de)	까치	kka-chi
raaf (de)	갈가마귀	gal-ga-ma-gwi
kraai (de)	까마귀	kka-ma-gwi
kauw (de)	갈가마귀	gal-ga-ma-gwi
roek (de)	떼까마귀	ttae-kka-ma-gwi

eend (de)	오리	o-ri
gans (de)	거위	geo-wi
fazant (de)	꿩	kkwong
arend (de)	독수리	dok-su-ri
havik (de)	매	mae
valk (de)	매	mae
gier (de)	독수리, 콘도르	dok-su-ri, kon-do-reu
condor (de)	콘도르	kon-do-reu
zwaan (de)	백조	baek-jo
kraanvogel (de)	두루미	du-ru-mi
ooievaar (de)	황새	hwang-sae
papegaai (de)	앵무새	aeng-mu-sae
kolibrie (de)	벌새	beol-sae
pauw (de)	공작	gong-jak
struisvogel (de)	타조	ta-jo
reiger (de)	왜가리	wae-ga-ri
flamingo (de)	플라밍고	peul-la-ming-go
pelikaan (de)	펠리컨	pel-li-keon
nachtegaal (de)	나이팅게일	na-i-ting-ge-il
zwaluw (de)	제비	je-bi
lijster (de)	지빠귀	ji-ppa-gwi
zanglijster (de)	노래지빠귀	no-rae-ji-ppa-gwi
merel (de)	대륙검은지빠귀	dae-ryuk-geo-meun-ji-ppa-gwi
gierzwaluw (de)	칼새	kal-sae
leeuwerik (de)	종다리	jong-da-ri
kwartel (de)	메추라기	me-chu-ra-gi
specht (de)	딱따구리	ttak-tta-gu-ri
koekoek (de)	뻐꾸기	ppeo-kku-gi
uil (de)	올빼미	ol-ppae-mi
oehoe (de)	수리부엉이	su-ri-bu-eong-i
auerhoen (het)	큰뇌조	keun-noe-jo
korhoen (het)	멧닭	met-dak
patrijs (de)	자고	ja-go
spreeuw (de)	찌르레기	jji-reu-re-gi
kanarie (de)	카나리아	ka-na-ri-a
vink (de)	되새	doe-sae
goudvink (de)	피리새	pi-ri-sae
meeuw (de)	갈매기	gal-mae-gi
albatros (de)	신천옹	sin-cheon-ong
pinguïn (de)	펭귄	peng-gwin

139. Vis. Zeedieren

brasem (de)	도미류	do-mi-ryu
karper (de)	잉어	ing-eo

baars (de)	농어의 일종	nong-eo-ui il-jong
meerval (de)	메기	me-gi
snoek (de)	북부민물꼬치고기	buk-bu-min-mul-kko-chi-go-gi
zalm (de)	연어	yeon-eo
steur (de)	철갑상어	cheol-gap-sang-eo
haring (de)	청어	cheong-eo
atlantische zalm (de)	대서양 연어	dae-seo-yang yeon-eo
makreel (de)	고등어	go-deung-eo
platvis (de)	넙치	neop-chi
kabeljauw (de)	대구	dae-gu
tonijn (de)	참치	cham-chi
forel (de)	송어	song-eo
paling (de)	뱀장어	baem-jang-eo
sidderrog (de)	시끈가오리	si-kkeun-ga-o-ri
murene (de)	곰치	gom-chi
piranha (de)	피라니아	pi-ra-ni-a
haai (de)	상어	sang-eo
dolfijn (de)	돌고래	dol-go-rae
walvis (de)	고래	go-rae
krab (de)	게	ge
kwal (de)	해파리	hae-pa-ri
octopus (de)	낙지	nak-ji
zeester (de)	불가사리	bul-ga-sa-ri
zee-egel (de)	성게	seong-ge
zeepaardje (het)	해마	hae-ma
oester (de)	굴	gul
garnaal (de)	새우	sae-u
kreeft (de)	바닷가재	ba-dat-ga-jae
langoest (de)	대하	dae-ha

140. Amfibieën. Reptielen

slang (de)	뱀	baem
giftig (slang)	독이 있는	do-gi in-neun
adder (de)	살무사	sal-mu-sa
cobra (de)	코브라	ko-beu-ra
python (de)	비단뱀	bi-dan-baem
boa (de)	보아	bo-a
ringslang (de)	풀뱀	pul-baem
ratelslang (de)	방울뱀	bang-ul-baem
anaconda (de)	아나콘다	a-na-kon-da
hagedis (de)	도마뱀	do-ma-baem
leguaan (de)	이구아나	i-gu-a-na

salamander (de)	도롱뇽	do-rong-nyong
kameleon (de)	카멜레온	ka-mel-le-on
schorpioen (de)	전갈	jeon-gal
schildpad (de)	거북	geo-buk
kikker (de)	개구리	gae-gu-ri
pad (de)	두꺼비	du-kkeo-bi
krokodil (de)	악어	a-geo

141. Insecten

insect (het)	곤충	gon-chung
vlinder (de)	나비	na-bi
mier (de)	개미	gae-mi
vlieg (de)	파리	pa-ri
mug (de)	모기	mo-gi
kever (de)	딱정벌레	ttak-jeong-beol-le
wesp (de)	말벌	mal-beol
bij (de)	꿀벌	kkul-beol
hommel (de)	호박벌	ho-bak-beol
horzel (de)	쇠파리	soe-pa-ri
spin (de)	거미	geo-mi
spinnenweb (het)	거미줄	geo-mi-jul
libel (de)	잠자리	jam-ja-ri
sprinkhaan (de)	메뚜기	me-ttu-gi
nachtvlinder (de)	나방	na-bang
kakkerlak (de)	바퀴벌레	ba-kwi-beol-le
mijt (de)	진드기	jin-deu-gi
vlo (de)	벼룩	byeo-ruk
kriebelmug (de)	깔따구	kkal-tta-gu
treksprinkhaan (de)	메뚜기	me-ttu-gi
slak (de)	달팽이	dal-paeng-i
krekel (de)	귀뚜라미	gwi-ttu-ra-mi
glimworm (de)	개똥벌레	gae-ttong-beol-le
lieveheersbeestje (het)	무당벌레	mu-dang-beol-le
meikever (de)	왕풍뎅이	wang-pung-deng-i
bloedzuiger (de)	거머리	geo-meo-ri
rups (de)	애벌레	ae-beol-le
aardworm (de)	지렁이	ji-reong-i
larve (de)	애벌레	ae-beol-le

Flora

142. Bomen

boom (de)	나무	na-mu
loof- (abn)	낙엽수의	na-gyeop-su-ui
dennen- (abn)	침엽수의	chi-myeop-su-ui
groenblijvend (bn)	상록의	sang-no-gui
appelboom (de)	사과나무	sa-gwa-na-mu
perenboom (de)	배나무	bae-na-mu
kers (de)	벚나무	beon-na-mu
pruimelaar (de)	자두나무	ja-du-na-mu
berk (de)	자작나무	ja-jang-na-mu
eik (de)	오크	o-keu
linde (de)	보리수	bo-ri-su
esp (de)	사시나무	sa-si-na-mu
esdoorn (de)	단풍나무	dan-pung-na-mu
spar (de)	가문비나무	ga-mun-bi-na-mu
den (de)	소나무	so-na-mu
lariks (de)	낙엽송	na-gyeop-song
zilverspar (de)	전나무	jeon-na-mu
ceder (de)	시다	si-da
populier (de)	포플러	po-peul-leo
lijsterbes (de)	마가목	ma-ga-mok
wilg (de)	버드나무	beo-deu-na-mu
els (de)	오리나무	o-ri-na-mu
beuk (de)	너도밤나무	neo-do-bam-na-mu
iep (de)	느릅나무	neu-reum-na-mu
es (de)	물푸레나무	mul-pu-re-na-mu
kastanje (de)	밤나무	bam-na-mu
magnolia (de)	목련	mong-nyeon
palm (de)	야자나무	ya-ja-na-mu
cipres (de)	사이프러스	sa-i-peu-reo-seu
mangrove (de)	맹그로브	maeng-geu-ro-beu
baobab (apenbroodboom)	바오밥나무	ba-o-bam-na-mu
eucalyptus (de)	유칼립투스	yu-kal-lip-tu-seu
mammoetboom (de)	세쿼이아	se-kwo-i-a

143. Heesters

struik (de)	덤불	deom-bul
heester (de)	관목	gwan-mok

wijnstok (de)	포도 덩굴	po-do deong-gul
wijngaard (de)	포도밭	po-do-bat
frambozenstruik (de)	라즈베리	ra-jeu-be-ri
rode bessenstruik (de)	레드커런트 나무	re-deu-keo-reon-teu na-mu
kruisbessenstruik (de)	구스베리 나무	gu-seu-be-ri na-mu
acacia (de)	아카시아	a-ka-si-a
zuurbes (de)	매자나무	mae-ja-na-mu
jasmijn (de)	재스민	jae-seu-min
jeneverbes (de)	두송	du-song
rozenstruik (de)	장미 덤불	jang-mi deom-bul
hondsroos (de)	찔레나무	jjil-le-na-mu

144. Vruchten. Bessen

appel (de)	사과	sa-gwa
peer (de)	배	bae
pruim (de)	자두	ja-du
aardbei (de)	딸기	ttal-gi
zure kers (de)	신양	si-nyang
zoete kers (de)	양벚나무	yang-beon-na-mu
druif (de)	포도	po-do
framboos (de)	라즈베리	ra-jeu-be-ri
zwarte bes (de)	블랙커런트	beul-laek-keo-ren-teu
rode bes (de)	레드커런트	re-deu-keo-ren-teu
kruisbes (de)	구스베리	gu-seu-be-ri
veenbes (de)	크랜베리	keu-raen-be-ri
sinaasappel (de)	오렌지	o-ren-ji
mandarijn (de)	귤	gyul
ananas (de)	파인애플	pa-in-ae-peul
banaan (de)	바나나	ba-na-na
dadel (de)	대추야자	dae-chu-ya-ja
citroen (de)	레몬	re-mon
abrikoos (de)	살구	sal-gu
perzik (de)	복숭아	bok-sung-a
kiwi (de)	키위	ki-wi
grapefruit (de)	자몽	ja-mong
bes (de)	장과	jang-gwa
bessen (mv.)	장과류	jang-gwa-ryu
vossenbes (de)	월귤나무	wol-gyul-la-mu
bosaardbei (de)	야생딸기	ya-saeng-ttal-gi
bosbes (de)	빌베리	bil-be-ri

145. Bloemen. Planten

bloem (de)	꽃	kkot
boeket (het)	꽃다발	kkot-da-bal

Nederlands	Koreaans	Romanisatie
roos (de)	장미	jang-mi
tulp (de)	튤립	tyul-lip
anjer (de)	카네이션	ka-ne-i-syeon
gladiool (de)	글라디올러스	geul-la-di-ol-leo-seu
korenbloem (de)	수레국화	su-re-guk-wa
klokje (het)	실잔대	sil-jan-dae
paardenbloem (de)	민들레	min-deul-le
kamille (de)	캐모마일	kae-mo-ma-il
aloë (de)	알로에	al-lo-e
cactus (de)	선인장	seon-in-jang
ficus (de)	고무나무	go-mu-na-mu
lelie (de)	백합	baek-ap
geranium (de)	제라늄	je-ra-nyum
hyacint (de)	히아신스	hi-a-sin-seu
mimosa (de)	미모사	mi-mo-sa
narcis (de)	수선화	su-seon-hwa
Oostindische kers (de)	한련	hal-lyeon
orchidee (de)	난초	nan-cho
pioenroos (de)	모란	mo-ran
viooltje (het)	바이올렛	ba-i-ol-let
driekleurig viooltje (het)	팬지	paen-ji
vergeet-mij-nietje (het)	물망초	mul-mang-cho
madeliefje (het)	데이지	de-i-ji
papaver (de)	양귀비	yang-gwi-bi
hennep (de)	삼	sam
munt (de)	박하	bak-a
lelietje-van-dalen (het)	은방울꽃	eun-bang-ul-kkot
sneeuwklokje (het)	스노드롭	seu-no-deu-rop
brandnetel (de)	쐐기풀	sswae-gi-pul
veldzuring (de)	수영	su-yeong
waterlelie (de)	수련	su-ryeon
varen (de)	고사리	go-sa-ri
korstmos (het)	이끼	i-kki
oranjerie (de)	온실	on-sil
gazon (het)	잔디	jan-di
bloemperk (het)	꽃밭	kkot-bat
plant (de)	식물	sing-mul
gras (het)	풀	pul
grasspriet (de)	풀잎	pu-rip
blad (het)	잎	ip
bloemblad (het)	꽃잎	kko-chip
stengel (de)	줄기	jul-gi
knol (de)	구근	gu-geun
scheut (de)	새싹	sae-ssak

doorn (de)	가시	ga-si
bloeien (ww)	피우다	pi-u-da
verwelken (ww)	시들다	si-deul-da
geur (de)	향기	hyang-gi
snijden (bijv. bloemen ~)	자르다	ja-reu-da
plukken (bloemen ~)	따다	tta-da

146. Granen, graankorrels

graan (het)	곡물	gong-mul
graangewassen (mv.)	곡류	gong-nyu
aar (de)	이삭	i-sak
tarwe (de)	밀	mil
rogge (de)	호밀	ho-mil
haver (de)	귀리	gwi-ri
gierst (de)	수수, 기장	su-su, gi-jang
gerst (de)	보리	bo-ri
maïs (de)	옥수수	ok-su-su
rijst (de)	쌀	ssal
boekweit (de)	메밀	me-mil
erwt (de)	완두	wan-du
boon (de)	강낭콩	gang-nang-kong
soja (de)	콩	kong
linze (de)	렌즈콩	ren-jeu-kong
bonen (mv.)	콩	kong

LANDEN. NATIONALITEITEN

147. West-Europa

Europa (het)	유럽	yu-reop
Europese Unie (de)	유럽 연합	yu-reop byeon-hap
Oostenrijk (het)	오스트리아	o-seu-teu-ri-a
Groot-Brittannië (het)	영국	yeong-guk
Engeland (het)	잉글랜드	ing-geul-laen-deu
België (het)	벨기에	bel-gi-e
Duitsland (het)	독일	do-gil
Nederland (het)	네덜란드	ne-deol-lan-deu
Holland (het)	네덜란드	ne-deol-lan-deu
Griekenland (het)	그리스	geu-ri-seu
Denemarken (het)	덴마크	den-ma-keu
Ierland (het)	아일랜드	a-il-laen-deu
IJsland (het)	아이슬란드	a-i-seul-lan-deu
Spanje (het)	스페인	seu-pe-in
Italië (het)	이탈리아	i-tal-li-a
Cyprus (het)	키프로스	ki-peu-ro-seu
Malta (het)	몰타	mol-ta
Noorwegen (het)	노르웨이	no-reu-we-i
Portugal (het)	포르투갈	po-reu-tu-gal
Finland (het)	핀란드	pil-lan-deu
Frankrijk (het)	프랑스	peu-rang-seu
Zweden (het)	스웨덴	seu-we-den
Zwitserland (het)	스위스	seu-wi-seu
Schotland (het)	스코틀랜드	seu-ko-teul-laen-deu
Vaticaanstad (de)	바티칸	ba-ti-kan
Liechtenstein (het)	리히텐슈타인	ri-hi-ten-syu-ta-in
Luxemburg (het)	룩셈부르크	ruk-sem-bu-reu-keu
Monaco (het)	모나코	mo-na-ko

148. Centraal- en Oost-Europa

Albanië (het)	알바니아	al-ba-ni-a
Bulgarije (het)	불가리아	bul-ga-ri-a
Hongarije (het)	헝가리	heong-ga-ri
Letland (het)	라트비아	ra-teu-bi-a
Litouwen (het)	리투아니아	ri-tu-a-ni-a
Polen (het)	폴란드	pol-lan-deu

Roemenië (het)	루마니아	ru-ma-ni-a
Servië (het)	세르비아	se-reu-bi-a
Slowakije (het)	슬로바키아	seul-lo-ba-ki-a
Kroatië (het)	크로아티아	keu-ro-a-ti-a
Tsjechië (het)	체코	che-ko
Estland (het)	에스토니아	e-seu-to-ni-a
Bosnië en Herzegovina (het)	보스니아 헤르체코비나	bo-seu-ni-a he-reu-che-ko-bi-na
Macedonië (het)	마케도니아	ma-ke-do-ni-a
Slovenië (het)	슬로베니아	seul-lo-be-ni-a
Montenegro (het)	몬테네그로	mon-te-ne-geu-ro

149. Voormalige USSR landen

Azerbeidzjan (het)	아제르바이잔	a-je-reu-ba-i-jan
Armenië (het)	아르메니아	a-reu-me-ni-a
Wit-Rusland (het)	벨로루시	bel-lo-ru-si
Georgië (het)	그루지야	geu-ru-ji-ya
Kazakstan (het)	카자흐스탄	ka-ja-heu-seu-tan
Kirgizië (het)	키르기스스탄	ki-reu-gi-seu-seu-tan
Moldavië (het)	몰도바	mol-do-ba
Rusland (het)	러시아	reo-si-a
Oekraïne (het)	우크라이나	u-keu-ra-i-na
Tadzjikistan (het)	타지키스탄	ta-ji-ki-seu-tan
Turkmenistan (het)	투르크메니스탄	tu-reu-keu-me-ni-seu-tan
Oezbekistan (het)	우즈베키스탄	u-jeu-be-ki-seu-tan

150. Azië

Azië (het)	아시아	a-si-a
Vietnam (het)	베트남	be-teu-nam
India (het)	인도	in-do
Israël (het)	이스라엘	i-seu-ra-el
China (het)	중국	jung-guk
Libanon (het)	레바논	re-ba-non
Mongolië (het)	몽골	mong-gol
Maleisië (het)	말레이시아	mal-le-i-si-a
Pakistan (het)	파키스탄	pa-ki-seu-tan
Saoedi-Arabië (het)	사우디아라비아	sa-u-di-a-ra-bi-a
Thailand (het)	태국	tae-guk
Taiwan (het)	대만	dae-man
Turkije (het)	터키	teo-ki
Japan (het)	일본	il-bon
Afghanistan (het)	아프가니스탄	a-peu-ga-ni-seu-tan

Bangladesh (het)	방글라데시	bang-geul-la-de-si
Indonesië (het)	인도네시아	in-do-ne-si-a
Jordanië (het)	요르단	yo-reu-dan
Irak (het)	이라크	i-ra-keu
Iran (het)	이란	i-ran
Cambodja (het)	캄보디아	kam-bo-di-a
Koeweit (het)	쿠웨이트	ku-we-i-teu
Laos (het)	라오스	ra-o-seu
Myanmar (het)	미얀마	mi-yan-ma
Nepal (het)	네팔	ne-pal
Verenigde Arabische Emiraten	아랍에미리트	a-ra-be-mi-ri-teu
Syrië (het)	시리아	si-ri-a
Palestijnse autonomie (de)	팔레스타인	pal-le-seu-ta-in
Zuid-Korea (het)	한국	han-guk
Noord-Korea (het)	북한	buk-an

151. Noord-Amerika

Verenigde Staten van Amerika	미국	mi-guk
Canada (het)	캐나다	kae-na-da
Mexico (het)	멕시코	mek-si-ko

152. Midden- en Zuid-Amerika

Argentinië (het)	아르헨티나	a-reu-hen-ti-na
Brazilië (het)	브라질	beu-ra-jil
Colombia (het)	콜롬비아	kol-lom-bi-a
Cuba (het)	쿠바	ku-ba
Chili (het)	칠레	chil-le
Bolivia (het)	볼리비아	bol-li-bi-a
Venezuela (het)	베네수엘라	be-ne-su-el-la
Paraguay (het)	파라과이	pa-ra-gwa-i
Peru (het)	페루	pe-ru
Suriname (het)	수리남	su-ri-nam
Uruguay (het)	우루과이	u-ru-gwa-i
Ecuador (het)	에콰도르	e-kwa-do-reu
Bahama's (mv.)	바하마	ba-ha-ma
Haïti (het)	아이티	a-i-ti
Dominicaanse Republiek (de)	도미니카 공화국	do-mi-ni-ka gong-hwa-guk
Panama (het)	파나마	pa-na-ma
Jamaica (het)	자메이카	ja-me-i-ka

153. Afrika

Egypte (het)	이집트	i-jip-teu
Marokko (het)	모로코	mo-ro-ko
Tunesië (het)	튀니지	twi-ni-ji
Ghana (het)	가나	ga-na
Zanzibar (het)	잔지바르	jan-ji-ba-reu
Kenia (het)	케냐	ke-nya
Libië (het)	리비아	ri-bi-a
Madagaskar (het)	마다가스카르	ma-da-ga-seu-ka-reu
Namibië (het)	나미비아	na-mi-bi-a
Senegal (het)	세네갈	se-ne-gal
Tanzania (het)	탄자니아	tan-ja-ni-a
Zuid-Afrika (het)	남아프리카 공화국	nam-a-peu-ri-ka gong-hwa-guk

154. Australië. Oceanië

Australië (het)	호주	ho-ju
Nieuw-Zeeland (het)	뉴질랜드	nyu-jil-laen-deu
Tasmanië (het)	태즈메이니아	tae-jeu-me-i-ni-a
Frans-Polynesië	폴리네시아	pol-li-ne-si-a

155. Steden

Amsterdam	암스테르담	am-seu-te-reu-dam
Ankara	앙카라	ang-ka-ra
Athene	아테네	a-te-ne
Bagdad	바그다드	ba-geu-da-deu
Bangkok	방콕	bang-kok
Barcelona	바르셀로나	ba-reu-sel-lo-na
Beiroet	베이루트	be-i-ru-teu
Berlijn	베를린	be-reul-lin
Boedapest	부다페스트	bu-da-pe-seu-teu
Boekarest	부쿠레슈티	bu-ku-re-syu-ti
Bombay, Mumbai	봄베이, 뭄바이	bom-be-i, mum-ba-i
Bonn	본	bon
Bordeaux	보르도	bo-reu-do
Bratislava	브라티슬라바	beu-ra-ti-seul-la-ba
Brussel	브뤼셀	beu-rwi-sel
Caïro	카이로	ka-i-ro
Calcutta	캘커타	kael-keo-ta
Chicago	시카고	si-ka-go
Dar Es Salaam	다르에스살람	da-reu-e-seu-sal-lam
Delhi	델리	del-li

Den Haag	헤이그	he-i-geu
Dubai	두바이	du-ba-i
Dublin	더블린	deo-beul-lin
Düsseldorf	뒤셀도르프	dwi-sel-do-reu-peu
Florence	플로렌스	peul-lo-ren-seu
Frankfort	프랑크푸르트	peu-rang-keu-pu-reu-teu
Genève	제네바	je-ne-ba
Hamburg	함부르크	ham-bu-reu-keu
Hanoi	하노이	ha-no-i
Havana	아바나	a-ba-na
Helsinki	헬싱키	hel-sing-ki
Hiroshima	히로시마	hi-ro-si-ma
Hongkong	홍콩	hong-kong
Istanbul	이스탄불	i-seu-tan-bul
Jeruzalem	예루살렘	ye-ru-sal-lem
Kiev	키예프	ki-ye-peu
Kopenhagen	코펜하겐	ko-pen-ha-gen
Kuala Lumpur	콸라룸푸르	kwal-la-rum-pu-reu
Lissabon	리스본	ri-seu-bon
Londen	런던	reon-deon
Los Angeles	로스앤젤레스	ro-seu-aen-jel-le-seu
Lyon	리옹	ri-ong
Madrid	마드리드	ma-deu-ri-deu
Marseille	마르세유	ma-reu-se-yu
Mexico-Stad	멕시코시티	mek-si-ko-si-ti
Miami	마이애미	ma-i-ae-mi
Montreal	몬트리올	mon-teu-ri-ol
Moskou	모스크바	mo-seu-keu-ba
München	뮌헨	mwin-hen
Nairobi	나이로비	na-i-ro-bi
Napels	나폴리	na-pol-li
New York	뉴욕	nyu-yok
Nice	니스	ni-seu
Oslo	오슬로	o-seul-lo
Ottawa	오타와	o-ta-wa
Parijs	파리	pa-ri
Peking	베이징	be-i-jing
Praag	프라하	peu-ra-ha
Rio de Janeiro	리우데자네이루	ri-u-de-ja-ne-i-ru
Rome	로마	ro-ma
Seoel	서울	seo-ul
Singapore	싱가포르	sing-ga-po-reu
Sint-Petersburg	상트페테르부르크	sang-teu-pe-te-reu-bu-reu-keu
Sjanghai	상하이	sang-ha-i
Stockholm	스톡홀름	seu-tok-ol-leum
Sydney	시드니	si-deu-ni
Taipei	타이베이	ta-i-be-i

Tokio	도쿄	do-kyo
Toronto	토론토	to-ron-to
Venetië	베니스	be-ni-seu
Warschau	바르샤바	ba-reu-sya-ba
Washington	워싱턴	wo-sing-teon
Wenen	빈	bin

www.ingramcontent.com/pod-product-compliance
Lightning Source LLC
Chambersburg PA
CBHW070558050426
42450CB00011B/2900